Die Arbeiterwanderungen in Südostasien

Eine wirtschafts- und bevölkerungsgeographische Untersuchung

von

Dr. Karl Josef Pelzer

Hamburg
Friederichsen, de Gruyter & Co. m. b. H.
1935

Buchdruckerei Konrad Triltsch, Würzburg

Meinen lieben Eltern.

Inhaltsverzeichnis.

Einleitung.

Die für das Wirtschaftsleben so bedeutungsvolle, häufiger auftretende Erscheinung der Arbeiterwanderungen ist in der geographischen Literatur bisher kaum beachtet worden. In dieser Arbeit sollen die Anfang des vorigen Jahrhunderts in Südostasien einsetzenden und bis heute anhaltenden Wanderbewegungen indischer, chinesischer und malaiischer Arbeiter oder Kulis mit geographischer Fragestellung betrachtet werden.

Arbeiterwanderungen, also das Übersiedeln einzelner oder ganzer Scharen Lohnarbeit suchender Menschen für eine mehr oder minder lange Zeit, sind der Ausdruck für wirtschaftliche und soziale Spannungen in den Herkunftsländern der Wanderbewegung. Die schnell fortschreitende wirtschaftliche Entwicklung unterbevölkerter Teile Südostasiens hat eine äußerst stark anwachsende Nachfrage nach menschlichen Arbeitskräften zur Folge. Zur Befriedigung dieser Nachfrage werden die benötigten Arbeitermassen aus benachbarten dicht besiedelten Kulturländern bezogen, was möglich ist, da in den betreffenden Bedarfsgebieten Lebens- und Lohnverhältnisse geboten werden, die in den übervölkerten Ländern gar nicht oder nicht in ausreichendem Maße für die Arbeiter zu erlangen sind.

Es galt vor allem, der Geschichte der Arbeiterwanderungen Südostasiens nachzugehen und das statistische Zahlenmaterial über die Größe der einzelnen Wanderungen seit ihrem Einsetzen zu erlangen, denn gerade für die Wirtschaftskolonien Südostasiens finden sich in der von Ferenczi herausgegebenen, außerordentlich umfangreichen Sammlung wanderungsstatistischer Zahlenreihen [1]) nur sehr unvollständige Angaben. So gelang es z. B., die Größe der Ein- und Auswanderung von Plantagenarbeitern für Ceylon bis zum Jahre 1845 zurück zu verfolgen, während das genannte Werk nur die Zahlen seit dem Jahre 1878 enthält. Doch das Sammeln des statistischen Materials ist nicht Selbstzweck, da dieses nur das Ausgangsmaterial für die Untersuchung bildet, die die Wanderungen in ihrer Genese, ihrer räumlichen Anordnung und Auswirkung verfolgt. Dabei werden die Ursachen beleuchtet, die in den Herkunftsländern zur Auswanderung führen. Wir begleiten dann die Arbeiter auf ihrem langen Wege vom Heimatdorfe zu Wasser und zu Lande bis zu den neuen Arbeitsplätzen, lernen so die Hauptrichtungen und die Organisation des so großartigen Austausches von Arbeits-

---

[1]) Nr. 5: Ferenczi.

kräften kennen. Schließlich gehen wir auf die Verhältnisse in den Zielländern ein, betrachten die Verteilung der in die einzelnen Wirtschaftsgebiete einströmenden Arbeiter und den Einfluß, den die Wanderbewegung auf deren Bevölkerungsbild hat.

Die Arbeiterwanderungen können selbstverständlich nicht zum Gegenstand einer wirtschafts- und bevölkerungsgeographischen Untersuchung gemacht werden, ohne daß dabei auf die Bestimmungen über Anwerbung und Auswanderung von Arbeitern, arbeitssoziologische und arbeitsrechtliche Fragen und Gesetze eingegangen wird. Der Anthropogeograph muß immer auch nichträumlichen, gesellschaftlichen und anderen Faktoren seine Aufmerksamkeit schenken, um die zu untersuchende Erscheinung voll und ganz zu erfassen.

Ein Teil der erforderlichen Studien wurden im Frühjahr 1932 in London und im Frühjahr 1933 in Amsterdam gemacht. In London boten die Bibliotheken des Colonial Office, India Office, der Royal Empire Society, des Britischen Museums und der Malayan Information Agency reiches Material. Das Gleiche gilt von der Bibliothek des Koloniaal-Instituuts in Amsterdam sowie von dem „Oostkust van Sumatra-Instituut", das dem vorgenannten angegliedert ist. Wertvolle Unterlagen lieferten die amtlichen Publikationen, die Jahresberichte der Behörden, deren Aufgabe in der Überwachung der Arbeiterwanderungen und der Betreuung der landfremden Arbeiter besteht, die Berichte der Kommissionen, die mit der Untersuchung der Lage der Wanderarbeiter beauftragt wurden, die Jahresberichte der Kolonialverwaltungen, die Veröffentlichungen der Unternehmerverbände und anderes mehr.

Kap. I.

Das Arbeiterbeschaffungsproblem in den Tropen.

In den Tropen werden Arbeitskräfte in großer Zahl vor allem von den fast ausschließlich durch europäische oder amerikanische Unternehmer ins Leben gerufenen arbeitsintensiven Betrieben, den Plantagen und Bergwerken benötigt. Für den Begriff „Plantage" hat Waibel folgende Definition gegeben: „Eine Plantage ist ein landwirtschaftlich industrieller Großbetrieb (in den Tropen oder Subtropen), der in der Regel unter Leitung von Europäern bei großem Aufwand von Arbeit und Kapital hochwertige pflanzliche Produkte für den Markt erzeugt" [2]).

---

[2]) Nr. 26: Waibel, S. 22.

In ähnlicher Weise dient der Bergbau nicht nur der Gewinnung, sondern teilweise auch der Verarbeitung nutzbarer Mineralien für entfernte Märkte.

Ein jedes solcher Unternehmen braucht drei Faktoren: Kapital, geeigneten Boden oder Lagerstätten in guter Verkehrslage und Arbeitskräfte.

Das Kapital wird fast ausschließlich von einwandernden Weißen gestellt oder von Gesellschaften, die sich in Europa oder Nordamerika zum Zwecke der wirtschaftlichen Erschließung und Eingliederung der Tropen in den Rahmen der Weltwirtschaft gebildet haben. Geeigneter Boden in günstiger Verkehrslage ist in genügendem Ausmaße vorhanden. Der wichtigste Betriebsfaktor sind schließlich die Arbeitskräfte, die in großer Zahl benötigt werden und im Gegensatz zu unseren Breiten nicht überall in den Tropen zur Verfügung stehen.

Bei Bergbaubetrieben kann man die menschliche Arbeitskraft weitgehend durch die Maschine ersetzen, wie das auch in Südostasien seit Beginn des 20. Jahrhunderts geschehen ist. Bei den Plantagen sind Mechanisierungen in gleichem Umfange nicht durchzuführen, weil die angebauten Pflanzen alle eine Einzelbehandlung sowohl beim Heranwachsen wie bei der Ernte verlangen. Auch bei der maschinellen Verarbeitung der Produkte, die notwendig ist, um sie auf den Markt der Konsumtionsgebiete bringen zu können, werden viele Arbeiter beschäftigt. Plantagen sind arbeitsintensive Betriebe.

Jeder Unternehmer, der einen industriellen Betrieb aufbauen will, muß sich zunächst die Frage vorlegen, ob er auch die für seinen besonderen Zweck erforderlichen geeigneten Hilfskräfte in genügender Zahl in der Umgebung des von ihm für sein Unternehmen gewählten Standortes vorfinden wird. Was für die an freien Arbeitskräften reiche gemäßigte Zone gilt, hat erst recht in den Tropen seine Gültigkeit, wo der körperlichen Betätigung der Europäer enge Grenzen gezogen sind. So kommt es, daß das Arbeiterproblem sowohl beim tropischen Plantagen- wie beim Bergbau die Hauptrolle spielt.

Der Weiße ist seit den ersten Tagen seiner Tätigkeit in den Tropen bis heute vor die schwierige Frage gestellt: woher und wie bekomme ich Arbeiter, wie behalte ich sie möglichst lange und wie bringe ich sie zu geregelter Arbeit?

In der Geschichte der Lösung dieses Problems unterscheiden wir zwei Perioden:

1) Die Zeit der Sklaverei und des Sklavenhandels.
2) Die Zeit der kontraktgebundenen bzw. freien Arbeit.

Beide Perioden weisen große innertropische Arbeiterwanderungen auf, die ein Charakteristikum aller Plantagen- und Bergbaukolonien sind[3]). Schon wenige Jahre nach der Entdeckung Amerikas tritt

---

[3]) Nr. 15: Quelle, S. 963; Nr. 21: Schmidt, S. 303.

die Arbeiterbeschaffungsfrage für Plantagenbetriebe und Bergbau in den Kolonien auf [4]).

Damit beginnt die unter dem Zwange der Sklaverei erfolgende Verpflanzung von Negern in die damaligen Plantagengebiete der Welt, nach Amerika. Afrika ist das Ausgangsgebiet, der Süden der Vereinigten Staaten, Westindien und Südamerika sind die Bedarfsgebiete, die Zielländer.

Nach der Abschaffung der Sklaverei zu Beginn des 19. Jahrhunderts stehen die Kolonien Amerikas vor fast unüberwindlichen Schwierigkeiten. Die Pflanzer Westindiens und Südamerikas richten ihr Augenmerk, da ihnen Afrika ferngerückt ist, auf Asien und beginnen von dort Kontraktarbeiter einzuführen [5]). Zur gleichen Zeit entwickelt sich in Südostasien ein neues Plantagengebiet, das sehr bald das amerikanische an Bedeutung überflügelt.

Die Plantagen Südostasiens sind räumlich nicht so weit von den Quellen der Arbeitskräfte getrennt. Man kann sagen, daß sie bis zum Baue des Suezkanals in erster Linie arbeitsorientiert waren, im Vergleich zu den verkehrsorientierten amerikanischen Pflanzungsgebieten [6]). Aber auch in Südostasien beobachten wir die Erscheinung, daß riesige Massen von Arbeitern aus ihrer Heimat in die Bedarfsgebiete abwandern. Diesmal allerdings mit der Möglichkeit, nach Ablauf einer bestimmten Zeitspanne wieder in die Heimat zurückzukehren, da die Sklaverei abgeschafft ist.

Wodurch wird die Notwendigkeit solcher Arbeiterwanderungen, wodurch wird das Arbeiterproblem in den Tropen hervorgerufen?

Die Ursachen sind bei den geographischen Gegebenheiten der Standorte der Betriebe zu suchen. Die großen Plantagengebiete liegen alle im Bereiche der Tropen und sind Gebiete, die eine geringe weiße Bevölkerung aufweisen, da ihr Klima sich für einen Daueraufenthalt von Europäern nicht eignet. „Plantagengebiete finden sich meistens in ehemals urwaldbedeckten Regionen, da der Urwald ein Zeichen fruchtbaren Bodens ist" [7]). Nicht immer ist der Urwald ein Zeichen von Fruchtbarkeit, wie Sapper [8]) nachgewiesen hat und eine Bemerkung Vagelers [9]) zeigt. In Südostasien stellen wir fest, daß in auffallender Weise alle Plantagengebiete im Bereiche des tropischen Regenwaldes liegen und

---

[4]) Nr. 16: Quelle, S. 17.

[5]) Ein Kontraktarbeiter verpflichtet sich durch Unterzeichnung eines Vertrages, eines Kontraktes, für eine bestimmte Zeit zur Arbeitsleistung.

[6]) Nr. 26: Waibel, S. 86.

[7]) Nr. 14: Petersen, S. 221.

[8]) Nr. 19: Sapper.

[9]) Nr. 24: Vageler, S. 187. („Am allerunzuverlässigsten ist in dieser Hinsicht der mit Vorliebe als ein Zeichen großen Bodenreichtums betrachtete dichte tropische und subtropische Waldbestand.")

außerdem noch häufig im Berglande: Zentralceylon, West-Ghats, Assam, Halbinsel Malakka, Ostsumatra, Westjava usw.

Die Möglichkeit, fruchtbaren Boden im Urwalde zu finden, ist jedoch nicht allein der Grund, weshalb der Europäer in ihn eindringt und hier unter den größten Schwierigkeiten seine Pflanzungen anlegt, nachdem er zunächst den Vernichtungskampf gegen den Wald geführt hat. Plantagen sind Großbetriebe, die riesige Flächen benötigen, die ihnen aber nur in dünn bevölkerten Gegenden zur Verfügung stehen. Große Urwaldgebiete weisen immer eine außerordentlich geringe Bevölkerung auf. Diese Tatsache erleichtert den Plantagenbetrieben den Erwerb der erforderlichen weitausgedehnten Bodenflächen. „In tropischen Gebieten nimmt die landwirtschaftlich genutzte Fläche nur einen kleinen Prozentsatz der landwirtschaftlich nutzbaren Oberfläche ein; ein Verkauf von Grund und Boden, der schon in Kultur genommen und produktiv ist, findet äußerst selten statt und somit ist der Pflanzer, der Land zu landwirtschaftlicher Nutzung erwerben will, auf den jungfräulichen Boden mit dichtem Urwaldbestande, angewiesen“ [10]).

Plantagenunternehmungen, von denen man wegen ihres großen Bedarfes an Arbeitern annehmen könnte, daß sie menschenreiche Gebiete bevorzugen würden, meiden meist solche, da sie dort nicht genügend Boden erhalten können. Nicht zuletzt ist die Wahl des Standortes auch abhängig von der Tatsache, daß ein Teil der Nutzpflanzen, die heute in Plantagen angebaut werden, von Haus aus Waldpflanzen oder ausgesprochene Bergkulturen sind, z. B. Hevea brasiliensis. Kakao, Tee usw.

Wir stellen fest, daß gerade die Lage der Plantagen im Bereiche des tropischen Regenwaldes mit seiner schwachen Besiedlung inmitten einer Bevölkerung, die überdies auf niedriger Wirtschaftsstufe steht, oder umgeben von einer Bevölkerung, die nur für den eigenen Bedarf und nicht für den Weltmarkt zu arbeiten gewohnt ist, die Arbeiterbeschaffung so ungemein erschwert. Der Europäer selbst ist infolge des tropischen Klimas nicht in der Lage, körperlich angestrengt zu arbeiten und ist daher gezwungen, sich nach leistungsfähigen Helfern umzusehen, die einmal gewillt sind, in seinem Dienste regelmäßig zu arbeiten, zum anderen aber auch körperlich dazu geeignet sind, unter den gegebenen Verhältnissen solche Leistungen zu vollbringen. Bei der Suche nach Arbeitern denkt man zunächst immer an die Eingeborenen des betreffenden Gebietes und Landes. Aber mit Ausnahme von Java und eines Teiles von Indien erweist sich dieser Gedanke als falsch, denn „in those countries where there is an abundance of fertile soil and capital is of little use, free labourers cannot be had; every man prefers working for himself or perhaps not working at all“ [11]). Diese Bemerkung N i e b o e r s kennzeichnet die Situation sehr trefflich. Entweder ist es so, daß das betreffende

---

10) Nr. 160: Sternberg, S. 15.
11) Nr. 13: Nieboer, S. 302.

Gebiet eine so geringe Dichte aufweist, daß auch bei größter Bereitwilligkeit der Arbeiterbedarf von der Bevölkerung nicht gedeckt werden könnte, oder aber die Bevölkerung ist aus physischen oder psychischen Gründen (körperliche Untauglichkeit, Schwäche oder Mangel an Arbeitserfahrung, Widerwillen gegen Arbeit . . .) nicht in der Lage, geeignete Arbeitskräfte zu stellen. Dazu kommt, daß keiner geneigt ist, für einen Fremden zu arbeiten, solange er mit Leichtigkeit seinen eigenen Boden bearbeiten kann und mit geringer Mühe seinen Lebensunterhalt sich selbst erarbeitet. Eine jede Arbeit dient der Befriedigung von Bedürfnissen. Daher wird derjenige arbeiten, der unbefriedigte Bedürfnisse aufzuweisen hat [12]). Die Natur ist aber in den Tropen so freigebig, daß der Eingeborene ohne große regelmäßige Kraftaufwendungen alles das findet, was er zu seinem Lebensunterhalt bedarf. So ist es zu erklären, „daß den Naturvölkern die eigentliche Arbeit im strengeren Sinne unbekannt ist, insofern wir unter Arbeit eine Reihe von Bemühungen verstehen, die lediglich als Mittel für ein entferntes Ziel Bedeutung haben, an sich aber so wenig erfreulicher Natur sind, daß sie stets von dem Ausübenden eine gewisse Selbstentäußerung, eine gewisse Fähigkeit, Opfer zu bringen, verlangen“ [13]). Gerade das Merkmal des Zwanges, das der Arbeit in unserem Sinne anhaftet, ist dem Primitiven verhaßt. Daher der Widerwillen aller Naturvölker gegen den Zwang der geregelten Arbeit [14]). Es besteht eine sehr enge Verbindung zwischen der sogen. Trägheit dieser Völker, ihrer Bedürfnislosigkeit und den Verhältnissen ihres Lebensraumes.

So verursachen gerade die günstigen natürlichen Voraussetzungen für den tropischen Plantagenbau zur gleichen Zeit auch die größten Schwierigkeiten in der Arbeiterfrage. Es hat nicht an den verschiedenartigsten Versuchen gefehlt, durch neue Voraussetzungen, die man in das Leben der Eingeborenen bringt, einen Zwang auszuüben, um sie so zur Arbeit für Lohn zu zwingen (Wegnahme des Bodens, Besteuerung, Wecken von Bedürfnissen; auch das sogen. „Kultursystem“ in Java war ein solcher Versuch). Man hat aber nur selten den gewünschten Erfolg gehabt.

Seitdem die Sklaverei aufgehoben ist, wird die Versorgung mit Arbeitern nicht mehr ausschließlich vom Unternehmer beherrscht, dem der Arbeiter als Sklave wehr- und willenlos gegenübersteht. Das Verhältnis zwischen den beiden Parteien hat sich grundlegend geändert. An die Stelle des Kaufes unter vollständiger Ausschaltung der Willensäußerung des Arbeiters ist die Werbung getreten. Die Arbeitgeber bemühen sich, den Arbeitern das Leben auf ihren Unternehmungen möglichst angenehm zu gestalten, damit die wirtschaftlich Schwächsten eines dicht bevölkerten Gebietes sich bereit finden, sich zeitweilig von der Heimat zu trennen und Lohnarbeit in der Ferne anzunehmen. Die großen Pro-

---

[12]) Nr. 2: Boeke, S. 4.
[13]) Nr. 25: Vierkandt, S. 209.
[14]) Über „Trägheit“ der Naturvölker s. Nr. 3: Bücher, S. 20.

duzenten der Welthandelsgüter nehmen wohl noch eine sichere Machtstellung ein (haben sie doch immer einen sehr starken Einfluß auf die Gestaltung der Arbeitsgesetzgebung gehabt), doch umfaßt diese nicht mehr die Möglichkeit, nach Willkür und ungehindert den Arbeiterbedarf durch Menschen zu decken, die aus freien Stücken nie auf dem Arbeitsmarkt erschienen wären [15]).

Heute kann man nur dort Arbeiter finden, wo das Einkommen und die wirtschaftliche Lage derart ist, daß nicht alle lebensnotwendigen Bedürfnisse befriedigt werden können. Diesen Zustand haben wir z. B. in solchen Gebieten, in welchen die Bevölkerung sich so stark vermehrt hat, daß fast aller kulturfähiger Boden in festem Besitze ist. Dort entsteht dann die Gruppe der Landlosen, das Proletariat, das gezwungen ist, seine Kraft gegen Lohn einem Anderen zur Verfügung zu stellen. In diesen Fällen bedeutet die Aussicht auf eine Erhöhung des Einkommens und die Möglichkeit einer differenzierteren Bedürfnisbefriedigung natürlich einen ganz wirkungsvollen Antrieb, für einige Jahre fern der Heimat zu leben, um mit den Ersparnissen dieser Jahre dann in der Heimat festen Fuß zu fassen durch Kauf von Land usw.

Die günstigsten Voraussetzungen, brauchbare Lohnarbeiter zu finden, sind also in dicht besiedelten Gebieten vorhanden, wo die Bevölkerung gewohnt ist, ihre Kräfte anzuspannen, Arbeitserfahrung besitzt, aber trotzdem zum Teil Schwierigkeiten im Lebenskampfe begegnet.

In Südostasien liegen die Verhältnisse denkbar günstig. Die Arbeiterbedarfsländer mit ihren Plantagen und Bergwerken haben z. T. in unmittelbarer Nähe drei große Dichtegebiete: Indien, Java und Südchina, die auch alle drei als Arbeiterrekrutierungsgebiete für sie von größter Bedeutung sind. Damit ergeben sich auch für Südostasien „die innertropischen Arbeiterwanderungen", von denen wir eingangs feststellten, daß sie ein Charakteristikum aller tropischen Wirtschaftskolonien seien.

Unserer Fragestellung gemäß, die die Arbeiterwanderung als einen räumlichen Vorgang auffaßt — als einen Strom, der abträgt, transportiert und ablagert — beginnen wir die Darstellung mit den Herkunftsländern der Arbeiter, wenden uns dann dem Wanderwege und den Bedarfsgebieten zu. Schon aus dem äußeren Grunde, daß die einzelnen Überschußgebiete die Ausgangszentren für mehrere Arbeiterströme stellen, empfiehlt es sich, zunächst jeweils ein Hauptquellgebiet zu betrachten, ehe man sich den einzelnen Bedarfsgebieten zuwendet. Von den letzteren werden herausgegriffen: West-Ghats, Assam, Burma, Ceylon, Britisch-Malaya, Ostsumatra, Banka und Billiton, deren Abhängigkeit von einem oder mehreren der genannten an Arbeitskräften reichen Länder gezeigt wird.

---

[15]) Nr. 139: Burger, S. 32.

Kap. II.

Vorderindien als Herkunftsgebiet von Arbeitskräften.

Seit mehr als 100 Jahren hat Vorderindien für tropische Plantagen eine große Bedeutung als Lieferant von menschlichen Arbeitskräften. Nicht nur die Besitzer der Plantagen nahe gelegener Gebiete, wie Ceylon und Mauritius, sondern sogar diejenigen der amerikanischen haben im Laufe des Jahrhunderts in Indien Arbeiter angeworben.

Die Auswanderung indischer Landwirtschaftsarbeiter war zunächst keine Folge des Überflusses an Arbeitskräften in Indien, sondern wurde durch die Folgen der Sklavenemanzipation hervorgerufen. Die Pflanzer, die bis dahin mit Negersklaven gearbeitet hatten, sahen sich plötzlich ohne Arbeiter und waren gezwungen, einen Ersatz für die Neger zu suchen. Eine der ersten Kolonien, die in Indien Arbeiter anwerben ließ, war Mauritius im Jahre 1834. Es folgten die westindischen Inseln. Da sich sehr bald Mißstände sowohl bei der Werbung wie besonders bei der Behandlung der Arbeiter zeigten, nahm die indische Regierung die Überwachung in die Hand und erlaubte die Auswanderung nur in solche Gebiete, in denen ihr alle Voraussetzungen für ein erträgliches Dasein ihrer Untertanen gewährleistet schienen. So verbot sie 1878 die Kulianwerbung für Französisch Guayana, 1882 für Réunion, 1884 für die Französischen Antillen, da sie mit der Behandlung nicht zufrieden war [1]).

Ob das der wirkliche Grund war oder ob nicht auch weniger humane Erwägungen, reine Konkurrenzbefürchtungen, dabei eine Rolle spielten, ist nicht immer zu erkennen [2]). Zweifellos hat aber der steigende Bedarf an Lohnarbeitern in Indien selbst und in den nahe gelegenen Wirtschaftskolonien Ceylon und Britisch-Malaya dazu geführt, daß die indische Regierung die Zahl der Wirtschaftsgebiete, deren Unternehmer in Vorderindien Arbeiter anwerben dürfen, immer mehr einschränkte. Nachdem zunächst die Auswanderung von Arbeitern für die französischen Kolonien gesperrt worden war, wurde durch eine Verordnung vom 28. März 1916 auch den englischen Kolonien Jamaika, Trinidad, Guayana, Fidschi und der holländischen Kolonie Guayana die Erlaubnis

[1]) Nr. 29: Zimmermann, S. 169.
[2]) Nr. 20: Schippel, S. 145.

entzogen, indische Kulis nach Abschluß eines mehrjährigen Arbeitskontraktes einzuführen.

Seit 1916 werden indische Arbeiter nur mehr für folgende Plantagengebiete angeworben:

1) Das südindische Plantagengebiet der West-Ghats,
2) das nordindische Plantagengebiet von Bengalen und Assam,
3) das Plantagengebiet Ceylons,
4) das Plantagengebiet Britisch-Malayas.

Hier ist gleich die Feststellung zu machen, daß die Arbeiter für die Plantagen der West-Ghats, Ceylons und Malayas alle aus der Präsidentschaft Madras stammen, während Assam seine Kräfte außer in Nordmadras noch in Bengalen, Bihar und Orissa, den Vereinigten Provinzen und in der Zentralprovinz anwirbt.

Wir stehen nun vor der Frage nach den Gründen, aus denen der Inder sich bereitfindet, Lohnarbeit in näherer oder größerer Entfernung von der heimatlichen Scholle anzunehmen.

Von Haus aus liebt es der Inder nicht, seine engere Heimat zu verlassen. Ist er einmal dazu gezwungen, so bemüht er sich, möglichst schnell wieder in sein Dorf zurückzukehren, wenn er nicht die Möglichkeit hat, jedes Jahr regelmäßig zur Ernte oder zur Aussaat nach Hause zu gehen. Der Auswanderung steht der Inder meist ablehnend gegenüber, eine Einstellung, zu der u. a. auch Glaubensvorschriften führen, soweit es sich um Anhänger des Hinduismus handelt, zu dem sich nach dem Zensus von 1931 68 Prozent der Bevölkerung Indiens bekennen. Wie keine andere Religion, schränkt der Hinduismus das Wirtschaftsleben seiner Anhänger ein. Mitglieder einer Kaste finden bei ihrer Rückkehr aus dem Auslande große Schwierigkeiten vor, wieder in den Kastenverband aufgenommen zu werden. Sie werden boykottiert und sind vom gesellschaftlichen Leben ausgeschlossen. Nun gehört die Mehrzahl der auswandernden Arbeiter den untersten Kasten, wenn nicht der Gruppe der „outcasts", der Unberührbaren, an, deren Zahl nach dem Zensus von 1921 60 Millionen beträgt. Diese haben natürlich nicht die gleichen Hemmungen wie die sozial höher stehenden Landsleute. Im Gegenteil, im Auslande fühlen sie nicht dauernd den Makel, der ihrer Existenz anhaftet. Trotzdem empfinden auch solche Personen häufig die Auswanderung als etwas Entehrendes. Sie entschuldigen ihren Schritt mit äußeren Umständen, die ihnen keinen anderen Ausweg ließen [3]).

Die wirklichen Gründe jedoch, die diese Menschen dazu führen, die Heimat zu verlassen, liegen auf wirtschaftlichem Gebiete. Es ist die Not, die in weiten Kreisen der indischen Landbevölkerung ständig herrscht. Die Not ergibt sich einmal aus natürlichen Verhältnissen, zum andern aus Eigenheiten in der wirtschaftlichen und sozialen Organisation [3a]).

In allen Jahresberichten, die über den Erfolg der Werbung

---

[3]) Nr. 4: Dennery, S. 213.
[3a]) Nr. 42: Hasan: Die Armut Indiens.

von Arbeitern für Plantagenbetriebe Auskunft geben, finden wir Angaben über den Ernteausfall in den Werbegebieten. Ist die Ernte dort zufriedenstellend gewesen, so geht die Zahl der Auswanderer zurück, um in Jahren mit Mißernten sehr stark anzusteigen.

Mit Ausnahme der Gebiete, in denen sich der Ackerbau auf künstliche Bewässerung stützt, bestimmt der Sommermonsun die Landwirtschaft, und von seiner Dauer und Ergiebigkeit hängt das Wohl und Wehe großer Teile Indiens ab. Eine schwache Ausbildung des Monsuns hat große Trockenheit zur Folge. Eine Karte der Verbreitung der häufigsten Dürren in Indien zeigt, daß fast die gesamte dicht besiedelte Präsidentschaft Madras zu den Teilen Indiens gehört, die immer wieder von Dürren und den ihnen folgenden Hungersnöten heimgesucht werden [4]). Einen einzelnen Ernteausfall können die wirtschaftlich nicht allzu schlecht gestellten Bauern noch ertragen; folgen aber mehrere Mißjahre aufeinander, so geraten auch sie, wie ihre ärmeren Landsleute, in große Not.

In der heißen, dürren Jahreszeit, den Monaten März bis Juni, ruht in Indien alle Arbeit auf den Feldern. Daher beobachtet man in diesen Monaten der Arbeitsruhe eine verstärkte Tätigkeit der Werber.

Die natürlichen Verhältnisse reichen nicht aus, um die in so großem Umfange erfolgende Ab- und Auswanderung zu erklären. Stärker als diese drängen die wirtschaftlichen und sozialen Verhältnisse den wirtschaftlich schwächsten Teil der Bevölkerung zum Verlassen der Heimat.

Von den Indern werden die Folgen der modernen industriellen Entwicklung als die Hauptursache hingestellt, von den Engländern aber die Besitzverhältnisse.

Indien ist nicht immer ein Land gewesen, das überwiegend Rohstoffe auf den Weltmarkt bringt, sondern seit Beginn der Kolonialgeschichte bis zu Anfang des vorigen Jahrhunderts lieferte es neben Gewürzen und Drogen vor allen Dingen Erzeugnisse des Gewerbefleißes seiner Bewohner, Textilwaren, z. B. Mousseline und Calicos. Besonders in Madras blühte die Textilindustrie, die heute noch die erste Industrie Indiens ist. Sie hat aber im Laufe des 19. Jahrhunderts infolge der englischen Wirtschafts- und Zollpolitik, die in erster Linie die Einfuhr der billigeren englischen Maschinenfabrikate und die Produktion von Rohstoffen für den Export begünstigte, einen sehr starken Rückgang erfahren. Die Folge davon ist, daß die blühenden einheimischen Textilindustrien zum größten Teil zugrunde gegangen sind und mit ihnen das Gewerbe der Färber. Doch sind diese beiden Zweige nicht die einzigen, die durch die europäische Konkurrenz an den Abgrund gebracht wurden. Wie ihnen erging es z. B. auch dem

---

[4]) Vergl. die Karte von Wehrli in Andree's Geogr. des Welthandels, S. 272.

Kunsthandwerk, das vor allem in Südindien in hoher Blüte und auf künstlerischer Höhe stand [5]).

Die Folge der Vernichtung der einheimischen Industrien war eine starke Rückkehr zum Ackerbau. Noch der Zensus von 1921 zeigt, daß seit 1911 die Zahl der in der Landwirtschaft Tätigen schneller als die Gesamtbevölkerung zugenommen hat. Durch Akkerbau verdienten in Indien ihren Lebensunterhalt im Jahre 1871: 61%, 1901: 66%; 1911: 71%, 1921: 73% der Gesamtbevölkerung. In Madras sind heute 71% der Bevölkerung von der Landwirtschaft abhängig. Wie im übrigen Indien ist auch hier der Prozentsatz in den letzten Jahrzehnten gestiegen. Früher waren Frauen der untersten Schichten in der Lage, ihren Lebensunterhalt durch Reisschälen zu verdienen. Diese Möglichkeit ist ihnen heute durch die Maschine genommen. Ebenso wird das Entkernen der Baumwolle, das Holzschneiden, Oelpressen, Getreidestampfen usw. durch die Maschine besorgt [6]). Der Fortfall dieser Betätigungs- und Erwerbsmöglichkeiten in den kritischen Monaten hat viele Familien in Indien geschädigt.

Der Anbau von Baumwolle, Erdnüssen und Ölsaaten, der heute in höherem Maße als früher erfolgt, verlangt eine geringere Anzahl von menschlichen Arbeitskräften und beschlagnahmt große Flächen, die früher zum Anbau von solchen Produkten benutzt wurden, die direkt zur Ernährung dienten. Es müssen daher in solche Zentren des Anbaues von Handelsprodukten erhebliche Mengen von Reis und Getreide eingeführt werden. Solange die Preise dafür normal sind, kann die arme Bevölkerung noch kaufen. Sie gerät aber bei der geringsten Preissteigerung in Not. Gerade in solchen Gebieten ist von dem finanziell kräftigen Bevölkerungsteil der Boden der verschuldeten Bauern übernommen und mit Produkten bepflanzt worden, die für die Ausfuhr bestimmt sind. Die von ihrer Scholle Verdrängten müssen als Tagelöhner und Knechte im Dienste der Wohlhabenderen arbeiten.

Infolge der Zunahme der im Dienste der Landwirtschaft stehenden Bevölkerung hat sich die Größe der Fläche, die auf den Kopf der davon Lebenden entfällt, verringert. Im Jahre 1901/02 kamen auf den Kopf 51,8 Ar; 1911/12: 50,2 Ar; 1917/18: 36,4 Ar Ackerland [7]).

Eine weitere Folge der Zunahme der Landwirtschaftsbevölkerung ist die steigende Bodenzersplitterung oder die Parzellierung des Grundbesitzes. Diesem Vorgange schreiben die Engländer vor allen Dingen die Schuld an der schlechten Wirtschaftslage der indischen Bauern zu. Die Erbgesetze der Hindus sowohl wie der Mohammedaner sind der Anlaß zu dieser weitgehenden Zerteilung des Landes, da man bei Erbteilungen jedem Erbberechtigten Anteil an jeder Bodenart geben will. „Jedem Kinde soll nicht nur ein gleiches Erbe, sondern ein nach

---

[5]) Nr. 64: Wehrli, S. 20; Nr. 31: Borchers, S. 60.
[6]) Nr. 31: Borchers, S. 61.
[7]) Nr. 44: Hussain, S. 16.

Güte des Bodens gleichartiger Anteil zufallen [8])." Daher wird jedes Feld in eine gleiche Anzahl Stücke geteilt.

Sehr groß ist die Zahl derjenigen, die nur als Pächter einen Betrieb bewirtschaften. In Madras ist ihre Zahl von 1911—1921 beträchtlich gestiegen. Die Zahl der Landwirtschaftsarbeiter macht in Indien nach dem Zensus von 1931: 30,7% der Landwirtschaftsbevölkerung aus.

Eine sehr verhängnisvolle Rolle spielt im Leben des indischen Bauern der Geldverleiher, der Dorfwucherer, von dessen Beruf Kraus sagt, daß er sich unter der geordneten englischen Herrschaft am gedeihlichsten von allen Berufen entwickelt habe [9]). In fast allen Teilen Indiens sind sehr viele Bauern verschuldet, was bei dem zunehmenden Bevölkerungsdruck und der großen Unsicherheit der Niederschläge, mit der die indische Landwirtschaft zu kämpfen hat, nicht verwunderlich ist. Kommt ein Bauer in Not, so geht er zum Dorfwucherer in der Hoffnung auf kommende gute Ernten. Da aber der Unsicherheitsfaktor sehr groß ist, nehmen die Geldverleiher hohe Zinsen, allgemein 12 bis 24% [10]). So ist es leicht möglich, daß der Bauer so verschuldet wird, daß er schließlich seine Zinsen nicht mehr zahlen kann und sein Land dem Wucherer überlassen muß, sofern es sein Eigentum ist. Ist er aber Pächter, so ist er auf Gnade und Ungnade seinem Gläubiger ausgeliefert, dessen Schuldsklave er geworden ist.

Nicht alle Schulden werden durch besondere Notlagen verursacht. Ein Teil wird dem Inder durch „das starre Gesetz des Herkommens und der Kaste" aufgezwungen [11]). Der Preis, den ein junger Bauer für den Kauf seiner Braut zahlen muß, überschreitet nach Darling das Einkommen vieler Jahre [12]).

Durch das Borgen haben viele Landbesitzer ihre Scholle verloren und sind zu Pächtern, wenn nicht zu Landarbeitern geworden, deren Zahl sich in den Jahren 1891—1901 fast verdoppelt hat. „In erschreckendem Maße entglitt der Boden den Händen der Ackerbau treibenden Bevölkerung. Selten und dann mit großem Erfolg wurde er vom neuen Eigentümer selbst bewirtschaftet; in der Regel begnügt er sich damit, den Bauer zu seinem Arbeitssklaven herabzudrücken [13])."

Allgemein wird die Genügsamkeit des indischen Bauern im Alltagsleben, sein unermüdlicher Fleiß gelobt, und auf der anderen Seite auf seine Armut und Not hingewiesen. Hier besteht ein Widerspruch, den die Regierung einmal durch die Unsicherheit des Klimas und zum anderen durch die Neigung des Inders, bei besonderen Gelegenheiten verschwenderisch mit dem Gelde umzugehen, zu erklären sucht. Die Inder andererseits halten die

---

[8]) Nr. 45: Kraus, S. 306.
[9]) Nr. 45: Kraus, S. 309.
[10]) Nr. 31: Borchers, S. 53.
[11]) Nr. 45: Kraus, S. 307.
[12]) Nr. 45: Zitat bei Kraus, S. 307.
[13]) Nr. 45: Kraus, S. 309.

Steuerpolitik der Regierung für das Hemmnis einer gedeihlichen Entwicklung der indischen Landwirtschaft. Die Steuern betragen im allgemeinen 50% des Reinertrages. Dabei werden die Betriebe nach Ablauf von 30 Jahren auf ihren Ertrag hin neu eingeschätzt und bei etwaigen Verbesserungen höher besteuert. Das hält den Bauer u. a. davon ab, neue Methoden einzuführen.

Im ganzen gesehen ist die Lage eines außerordentlich großen Teiles der indischen Bauernbevölkerung eine recht trostlose. Dieser Zustand wird, wie wir gesehen haben, durch eine Reihe von Faktoren herbeigeführt: Klima, moderne wirtschaftliche Entwicklung und die von ihr verursachte Rückkehr zur Landwirtschaft, Parzellierung des Bodens und der damit verbundene Kleinbesitz, Verschuldung usw. Die Folge ist das Vorhandensein und Anwachsen der Gruppe der Entwurzelten, des Proletariats, das auf Lohnarbeit angewiesen ist. Die Not bringt schließlich die wirtschaftlich Schwachen und Schwächsten so weit, daß sie Arbeitsgelegenheiten annehmen, wo sie ihnen geboten werden im In- und Auslande. Es kommt sehr oft vor, daß die Auswanderung einer Flucht gleicht, daß sie letzte Hilfe ist, nicht immer die Ausführung eines gereiften Planes.

Im Laufe der Betrachtung Indiens als Heimat des größten Teiles der Plantagenarbeiter Südostasiens, wurde immer wieder auf Madras eingegangen, weil diese Provinz heute die einzige ist, die Arbeiter für Ceylon und Malaya stellt. Außerdem ist ein Großteil der indischen Plantagenarbeiterschaft hier beheimatet.

Die Bevölkerung von Madras wird von den Dravidas gebildet, bei denen man etwa 4 Hauptsprachen unterscheiden kann: Tamil (20 Mill.), Telugu (26 Mill.), Malayalam (7 Mill.), Kanarese (11 Mill.). Im ganzen gibt es 14 Drawidasprachen, die von 71,5 Millionen gesprochen werden. Ein Hauptcharakterzug der Drawidas ist ihre Arbeitsfreude, ihr Fleiß und ihre Ausdauer. Daher auch die Hochschätzung, die man ihnen als Landwirtschaftsarbeitern entgegenbringt, denn Menschen mit solchen Eigenschaften, die dazu noch leicht zu behandeln sind, sind in den Tropen gesucht.

Die meisten Arbeiter in Ceylon und Malaya sprechen tamilisch, es folgen ihnen diejenigen, die die Telugu-Sprache haben.

Willcox schätzt die Zahl der 1921 im Auslande lebenden Inder auf 2,5 Millionen [14]). Von diesen stammten nahezu 2 Millionen aus Madras, dessen Gesamtbevölkerung sich im Jahre 1931 auf 47 193 000 belief mit einer Dichte von 127 pro qkm. Das Verhältnis von $2^1/_2$ zu 2 charakterisiert die Bedeutung der Präsidentschaft Madras als Quellgebiet der indischen Auswanderung. Freilich, neben der Gesamtbevölkerung Indiens (1931: 352 837 000) verschwinden die $2^1/_2$ Millionen Inder, die verstreut in Afrika, Asien und Amerika leben; aber für Madras ist die Bedeutung dieser Gruppe recht groß. Dafür ein Beispiel: im Jahre 1930 wurden von Arbeitern aus Malaya 37 128 Geldsendungen in einem Betrage von Rs. 3 265 132 nach Madras geschickt. Dabei bringen

---

[14]) Nr. 28: Willcox, S. 592.

die meisten Arbeiter ihre Ersparnisse in barem Gelde oder in Form von Schmuck persönlich nach Hause. Noch größere Summen fließen aus Ceylon jährlich nach Südindien.

Für die Auswanderung nach Ceylon und Malaya kommen in der Hauptsache die auf der Ostseite der West-Ghats gelegenen dicht bevölkerten Distrikte in Betracht, und zwar für Ceylon die südlichsten, in Tinnevelly, Ramnat, Madura, Tanjore, Trichinopoly und Salem, für Malaya: Chingleput, Nord- und Südarcot und die schon genannten Bezirke Salem, Trichinopoly, Tanjore und Madura, während die nördlichsten von Guntur bis Ganjam mit ihrer Wanderrichtung nach Assam und Burma hinweisen.

Kap. III.

Vorderindien und sein Bedarf an Plantagenarbeitern.

Vorderindien hat zwei wichtige Plantagengebiete, die beide in Randlage liegen: das erste in Südindien entlang den Hängen der West-Ghats, in der Provinz Coorg, den Nilgiri-Bergen, dem Distrikte Malabar, den Anamalai und Shevaroy-Bergen der Präsidentschaft Madras und im Bergland von Travancore; das zweite im äußersten Norden des indischen Reiches, in Assam und im Norden von Bengalen.

Während in Südindien die Pflanzer sich dem Anbau von verschiedenen tropischen Pflanzen zugewandt haben, beherrscht in Assam und in Nordbengalen der Tee allein das Feld. Er hat die bedeutendste Plantagenindustrie ins Leben gerufen, die Vorderindien besitzt. Im Jahre 1929 hatte Indien eine Plantagenfläche der wichtigsten Produkte: Tee, Kaffee und Kautschuk von rund 454 600 ha, von denen

319 300 ha	oder 70,3%	mit Tee bepflanzt	waren,
66 000 ha	oder 14,5%	mit Kaffee, und	
69 200 ha	oder 15,2%	mit Kautschuk.	

Während Kaffeeplantagen nur in Südindien, Kautschukplantagen in Südindien und Burma verbreitet sind, finden wir Teepflanzungen sowohl an den West-Ghats wie in Nordindien. Es liegen 253 000 ha oder 79% des Teeareals in Nordindien, und zwar in Assam 174 000 ha, in Bengalen 79 000 ha.

Auf den indischen Plantagen wurden im Jahre 1929 im Tagesdurchschnitt 1 071 680 Arbeiter beschäftigt. Davon in

Teepflanzungen	930 472	oder	86,9%
Kaffeepflanzungen	92 504	oder	8,6%
Kautschukpflanzungen	48 704	oder	4,5%

Bei einem Vergleich der Prozentzahlen der Anteile, die auf die Größe der Areale und der Arbeiterschaft entfallen, stellen wir fest, daß die Teepflanzungen die arbeitsintensivsten Betriebe sind, es folgen ihnen zunächst die Kaffee- und in weitem Abstande die Kautschukpflanzungen. Nordindien besitzt 253 000 ha oder 55,6% der Gesamtplantagenfläche, aber bedeutend mehr Arbeiter, nämlich 754 380 oder 74,56% der gesamten Plantagenarbeiter Indiens [1]).

[1]) Alle Zahlenangaben sind Nr. 56: Report of the Royal Commission on Labour, S. 350—51 entnommen.

Die Lösung der Arbeiterfrage ist in den beiden Plantagengebieten in verschiedener Weise von der indischen Regierung behandelt worden. Assam ist hierbei von jeher auf gleiche Stufe gestellt worden mit außerindischen Gebieten, etwa Ceylon, Britisch-Malaya oder einem anderen noch entfernter liegenden Plantagengebiet. Die Pflanzer Südindiens dagegen sind in ihrem Bestreben, Arbeiter anzuwerben und ins Hochland zu bringen, durch Vorschriften seitens der Regierung kaum beengt worden.

Dieser Unterschied wirkt sich sehr stark in der Literatur aus. Während wir für Assam eine umfangreiche amtliche Literatur haben, sind die Quellen über die Verhältnisse auf den Pflanzungen Südindiens spärlich. Ein wichtiger Grund für diese verschiedene Behandlung von Gebieten, die beide zu Indien gehören, ist darin zu suchen, daß im Süden die heimatlichen Distrikte der Arbeiter in nächster Nähe der Plantagendistrikte liegen, während im Norden die Arbeiter zunächst eine sehr lange Reise zu unternehmen haben, ehe sie zu den entlegenen Arbeitsstätten gelangen.

A. Das südindische Plantagengebiet.

Bei dem südindischen Plantagengebiet handelt es sich nicht um ein geschlossenes Gebiet wie z. B. in Ceylon, sondern die Plantagen treten in einzelnen Bezirken der West-Ghats und entlang der Malabarküste auf. Dabei liegen sie in den am weitesten westlich gelegenen Gebirgszügen der Ghats meist am Osthange, da hier der Südwestmonsun nicht so stark wütet, der am Westhange die Pflanzen beschädigen und den Boden wegspülen würde. Weiter landeinwärts liegen die Plantagen auch auf der Westseite, da hier der Monsun nicht mehr seine ganze Stärke besitzt [2]). Von den angebauten Produkten ist der Kaffee das älteste, mit dessen plantagenmäßigem Anbau man um 1830 in Mysore begann. Von hier breitete sich der Anbau über Coorg, Wynaad, die Nilgiri-Berge bis nach Südtravancore hin aus. Seinen Höhepunkt erreichte er 1862. Nach diesem Jahr verlor er sehr an Bedeutung infolge der Verwüstungen, die ein Kaffeebohrer und eine Blattkrankheit, „Hemileia vastatrix", anrichteten, und infolge der Konkurrenz des brasilianischen Kaffees. Überall aber, wo der Kaffee verschwand, trat Tee an seine Stelle. Hevea brasiliensis erschien etwa um 1900.

In den West-Ghats liegt die kleine Provinz Coorg. Das wichtigste Plantagenprodukt ist hier der Kaffee, der im Jahre 1929 eine Fläche von etwa 15 000 ha bedeckte. Neben Kaffee wird noch etwas Tee und Kautschuk angebaut. Nach Süden schließt sich an die Provinz Coorg der zur Präsidentschaft Madras gehörende Distrikt Malabar an, der sowohl Tee- wie Kaffee- und Kautschukpflanzungen besitzt. Die beiden ersten Produkte werden inmitten der West-Ghats im Hochlande von Wynaad in

[2]) Nr. 59: Simkins, S. 155.

einer Höhe von 800 bis 1000 m angebaut, und zwar beträgt das Teeareal 5300 ha, das des Kaffees 1600 ha [3]). Die Hevea brasiliensis hat ihr Verbreitungsgebiet am Fuße der Ghats von Mangalore in Süd-Kanara bis hinunter nach Cap Comorin. Malabar besaß 1929 5300 ha Kautschukpflanzungen [3]). Den bedeutendsten Teil des südindischen Plantagengebietes bilden die Ränder der Nilgiri-Berge [4]) in Madras, an denen vor allem Tee und Kaffee angebaut werden [5]). Auf dem Plateau der Nilgiri-Berge finden wir keine Plantagen, da hier die Temperaturschwankungen zu groß sind [6]). 1929 waren 192 Teepflanzungen mit 13 000 ha vorhanden, daneben waren 6500 ha mit Kaffeepflanzungen bedeckt. Weiter finden wir noch Teeanbau in dem Distrikte Coimbatore an den Hängen der Anamalai-Hills oder der Elephantenberge sowie denen der Palni-Berge im Distrikte Madura in einer Höhe von 1000—1500 m. Im Distrikte Salem gibt es Kaffeepflanzungen in den Shevaroy-Hills. Der Eingeborenenstaat Travancore hat eine bedeutende Anzahl von Teepflanzungen (30 000 ha), daneben aber auch solche, die Kaffee und Kautschuk produzieren. Das Hauptanbaugebiet bildet die High Range um Pirmed [7]).

Alle diese aufgezählten Teilgebiete des Plantagenstreifens der West-Ghats waren vor der Anlage der Pflanzungen mit Urwäldern überzogen. Daher mußten die Arbeiter aus den Ebenen heraufgeholt werden, was zu Anfang nicht leicht war, da die Menschen der Ebenen das Waldland scheuten, dessen Klima ihrer Gesundheit große Gefahren bereitet [8]). Das Gleiche gilt auch für die Menschen, die östlich der Ghats leben.

Nicht alle Plantagen sind darauf angewiesen, sämtliche Arbeiter aus größeren Entfernungen und aus anderen Distrikten heranzuholen. Die von Malabar und Travancore können innerhalb ihrer Landesgrenzen oder in größter Nähe ihre Leute anwerben, da sowohl Malabar wie Travancore dicht besiedelte Gebiete sind. In Coorg waren 1929 etwa 24 000 Arbeiter auf Pflanzungen beschäftigt, die größtenteils aus Südkanara, Malabar und Mysore stammten. In Malabar gab es in demselben Jahre rund 20 000 Pflanzungsarbeiter, die nur zum kleinsten Teile landfremd und aus Coimbatore, Salem und Mysore eingewandert waren. Die Plantagen der Nilgiri-Berge erhalten den größten Teil ihrer Arbeiterschaft, die 1929 31 000 Köpfe zählte, aus Kanara, Malabar, Coimbatore und Salem. Ein kleiner Teil kommt aus Mysore. In den Anamalai-Hills waren 1929 20 000 Arbeiter beschäftigt, die zu einem Drittel aus Coimbatore selbst stammten, der Rest aus Malabar, Salem, Tinnevelly, Madura und Trichinopoly. Die Plantagen Travancores beschäftigen insgesamt etwa 71 000 Arbeiter,

---

[3]) Nr. 56: Report of the R.C. S. 350—51.
[4]) Nr. 46: Krebs, S. 11 ff.
[5]) Nr. 46: Krebs, S. 23.
[6]) Nr. 46: Krebs, S. 28.
[7]) Nr. 47: Krebs, S. 266.
[8]) Nr. 59: Simkins, S. 156.

die nur zum Teil aus benachbarten Distrikten der Präsidentschaft Madras stammen [9]).

Die Pflanzer Südindiens sind zusammengeschlossen in der „United Planters' Association of Southern India", einer Organisation, die, wie allenthalben die Pflanzerverbände, gegründet wurde, um die Beschaffung der notwendigen Arbeiter für den einzelnen Unternehmer zu erleichtern und zu organisieren. Dieser Verband warb in den Jahren 1911—1920 durchschnittlich 150 000 Arbeiter in Madras an, vor allem in Kanara, Salem, Tinnevelly, Madura und Trichinopoly.

Die Werbung wird von Vorarbeitern, den sogenannten „k a n g a n i s" oder „m a i s t r i e s" [10]) ausgeübt, auf die wir bei der Betrachtung Ceylons näher eingehen werden. Sie lassen sich von der Betriebsleitung ihrer Plantage Geld geben, das sie als Vorschuß denjenigen ihrer Landsleute auszahlen, die sich von ihnen überreden lassen, mit ihnen auf die Pflanzungen zu gehen. Die Arbeiter sind dazu verpflichtet, diesen Vorschuß, der in den meisten Fällen ein starkes Lockmittel gewesen ist, wieder zurückzuzahlen oder abzuarbeiten. Solange das nicht geschehen ist, dürfen sie ihre Arbeitsstelle nicht verlassen. Die Arbeit auf den Plantagen steht unter den Eingeborenen in einem guten Rufe. Die Entfernung vom Heimatdorfe ist nicht allzu groß, sodaß man zur Ernte und zur Aussaat in die Heimat zurückgehen kann. Es ist für alles gesorgt, das Leben ist regelmäßig.

Jede Plantage hat eine gewisse Anzahl von Arbeitern, die dauernd bleibt, und außerdem wirbt sie jeweils für einige Monate Saisonarbeiter an. Die Arbeiter kommen gewöhnlich im Juli auf die Pflanzungen und kehren im September in ihr Heimatdorf zurück. Im November kommt wieder eine neue Welle, die nicht abnimmt, bis die Ernte im Februar, März und April eingebracht ist, sodaß die Bevölkerungsziffern in den Plantagendistrikten je nach den Monaten variieren [11]). Die Straßen, die von Osten oder Westen in die Ghats führen, „sind eigentlich immer besetzt von auf der Wanderschaft befindlichen Kulis" [12]).

B. Das nordindische Plantagengebiet.

Das nordindische Plantagengebiet, das dem südindischen an Bedeutung weit überlegen ist, wie wir zu Eingang des Kapitels sahen, gliedert sich in verschiedene Teile. Die wichtigsten Teedistrikte liegen im Brahamaputratal der Provinz Assam, es folgen die Distrikte Cachar und Sylhet im Surmatal. In Bengalen haben wir Teepflanzungen im Distrikte Darjeeling und Jalpaiguri.

---

9) Nr. 47: Krebs, S. 267.
10) Nr. 56: Report of the R. C., S. 355.
11) Nr. 59: Simkins, S. 156.
12) Nr. 47: Krebs, S. 267.

Während das südindische Plantagengebiet, wie die übrigen Pflanzungsgebiete Südostasiens in der Nähe der Küste gelegen, eine äußerst günstige Verkehrslage besitzt, liegen die Plantagen Nordindiens in den entlegensten Teilen des indischen Reiches, viele hundert Kilometer von der Küste entfernt. Bei Assam wird diese Ungunst der Lage durch die große Verkehrsader, den Brahamaputra und seine Nebenflüsse, besonders den Surma, gemildert, die wegen ihres Wasserreichtums das ganze Jahr schiffbar sind und bis zum Beginn des Jahrhunderts die einzige Verkehrsmöglichkeit boten. Darjeeling und Jalpaiguri sind nicht unmittelbare Anlieger an diesem großartigen Verkehrsnetz, sie wurden daher zuerst mit der Küste durch eine Eisenbahn verbunden.

1823 fand der Engländer R. Bruce in der Gegend von Sadiya im Distrikte Lakhimpur wilde Teepflanzen. Aber erst 1850 gelingt bei Dibrugarh die Anlage der ersten gewinnbringenden Plantage, und 1859 zählt man in Assam schon mehr als 50 Pflanzungen [13]). In den Folgejahren setzt in Assam die gleiche Entwicklung ein, wie sie in Ceylon in der Geschichte des Kaffeeanbaues in den Jahren 1835 bis 1845 zu beobachten ist. Die Spekulation bemächtigt sich des Feldes, es schießen neue Gesellschaften wie Pilze aus dem Boden. Der „Boom" endet mit einem gewaltigen Zusammenbruch, der im Jahre 1864 einsetzt und seinen Höhepunkt 1867 erreicht. Die furchtbaren Auswirkungen dieser Krise schildert uns recht anschaulich ein Deutscher, O. Flex, der in diesen Jahren als Teepflanzer in Assam arbeitete [14]).

Nachdem alle unsoliden Gesellschaften zusammengebrochen waren, erholten sich die gut fundierten Unternehmungen allmählich wieder. Nun dehnt sich in den folgenden Jahrzehnten die mit Tee bebaute Fläche unaufhörlich aus. Der Teeanbau beschränkte sich sehr bald nicht mehr auf den äußersten Nordosten der Provinz Assam, den Distrikt Lakhimpur, sondern es kommen als Teeanbaugebiete hinzu: Sibsagar, Nowgong, Darrang, Cachar und Sylhet.

Das Hauptproblem der Teeplantagen ist seit den ersten Jahren des Anbaues die Arbeiterfrage gewesen, da der Assamese wie der Bewohner von Nordbengalen es im allgemeinen ablehnt, Lohnarbeit zu verrichten. Im Gegensatz zu China werden in Indien und in Ceylon alle Arbeitsvorgänge bei der Verarbeitung der Teernte heute nach Möglichkeit durch Maschinen besorgt, was den Arbeiterbedarf bedeutend vermindert hat. Aber für die Arbeit in den Pflanzungen selbst: das Roden, Jäten, Hacken, Beschneiden der Sträucher und besonders für das eine Unmenge von gewandten Arbeitshänden erfordernde Pflücken der kleinen Blättchen haben wir keine den Menschen ersetzenden Maschinen. Daher sind die Pflanzer immer auf ein Einführen der Hilfskräfte angewiesen. Bei der Untersuchung der Arbeiterbeschaffungsfrage ist Bengalen getrennt zu betrachten, da seine Teedistrikte bedeu-

---

[13]) Nr. 30: Becker, S. 234.
[14]) Nr. 38a: Flex, S. 217 ff.

tend günstiger zu den Quellen der menschlichen Arbeitskraft liegen, was sich in der gesetzlichen Regelung der Arbeiterfrage auswirkt. Während die Arbeiterversorgung Assams etwa seit 1860 unter scharfer Kontrolle steht, kennen wir derartiges in Darjeeling und Jalpaiguri nicht.

a) Darjeeling und Jalpaiguri.

Darjeeling, der Grenzdistrikt Bengalens gegen Sikkim, der im Westen an Nepal, im Osten an Bhutan stößt, gliedert sich in zwei Teile. Einmal haben wir die Rücken und Täler des „Lower Himalaya" und zum zweiten das mit Dschungel bedeckte Terrassenland, den ebenen Tarai-Gürtel an dessen Fuß [15]). In beiden Teilen finden wir Plantagen, sowohl an den Berghängen bis zu Höhen von 2000 m, wie im Tarai, das nur eine Höhe von 100 m über dem Meeresspiegel hat. Die Pflanzungen dehnen sich in einem Umfange von rund 25 700 ha aus und beschäftigten 1929 etwa 66 000 Arbeiter.

Jalpaiguri übertrifft in seiner Bedeutung als Teeanbaugebiet Darjeeling. Die Plantagen liegen hier in den West-Duars, die den Übergang von der Ebene zum Gebirge vermitteln und sich zu Höhen zwischen 4—500 m erheben. Ehemals dicht bewaldet, tragen die Plateaus heute weithin zwischen den beiden Flüssen Tista und Daina Teeplantagen in einer Ausdehnung von 51 000 ha mit einer Arbeiterschaft von 126 000 Menschen im Jahre 1929 [16]).

Die Teeanbaufläche Nordbengalens betrug:

1875: 10 680 ha	1900: 53 810 ha
1885: 25 700 ha	1930: 79 000 ha [17]).

Darjeelings Arbeiter sind in den meisten Fällen die Nachkommen von Einwanderern aus Sikkim und Nepal. Wir finden sie allerdings nur im Bereiche des „Lower Himalaya", da dessen Klima gesund ist [18]). Im Tarai können keine Arbeiter aus den beiden genannten Staaten arbeiten, sondern hier treffen wir nur Leute aus Santal Parganas in der Provinz Bihar. Auch heute findet noch eine Einwanderung aus Nepal und Sikkim statt. Die Pflanzer können keine Werber nach Nepal senden. Alle Arbeiter, die von dort kommen, tun dies aus eigenem Antrieb. Jalpaiguri erhält seine Arbeiter aus einer größeren Entfernung als der Nachbardistrikt. Die meisten wandern aus der Provinz Bihar-Orissa ein, und zwar aus den Distrikten Ranchi und Santal Parganas. Nur in höheren Teilen verdrängen Nepalesen die Oraons und Mundas aus Bihar-Orissa [19]). Viele Arbeiter haben sich auf den Plantagen

---

[15]) Nr. 56: Report of the R. C., S. 356.
[16]) Nr. 56: Report of the R. C., S. 357.
[17]) Nr. 11: Kiefer, S. 32 (1875—1900).
[18]) Nr. 43: Gazetteer.
[19]) Nr. 40: Gazetteer Bd. 14 Jalpaiguri.

angesiedelt, die restlichen kommen alle nur für kurze Zeit, meist 6—9 Monate, und sind durch keinen Arbeitsvertrag an die Arbeitsstelle gebunden, während sich die Plantagenarbeiter Assams bis 1916 auf mehrere Jahre verpflichteten. Die Freiheit der Arbeiter in Nordbengalen ist wohl der Hauptgrund dafür, daß die Pflanzer bei der Beschaffung der Arbeiter aus Bihar-Orissa nicht ähnlich große Schwierigkeiten haben wie ihre Kollegen in Assam, die ebenfalls einen hohen Prozentsatz ihrer Kräfte aus dieser Provinz beziehen. Die Tatsache, daß Bihar-Orissa bis 1912 keine selbständige Provinz war, sondern zu Bengalen gehörte, wird ebenfalls hier von Einfluß sein.

b) Assam.

Die Provinz Assam hat den größten Anteil an den Plantagen Indiens, wie oben gezeigt wurde. Die Teegärten dieser Provinz beschäftigen dreiviertel aller indischen Pflanzungsarbeiter. Nicht alle Distrikte eignen sich in gleicher Weise für die Teekultur. Es sind einmal die Distrikte des Brahamaputratales. Dabei steigert sich die Intensität der Teekultur, je weiter wir den Brahamaputra aufwärts fahren. Wir haben für diese Steigerung einen sehr guten Ausdruck in der Größe der auf den Plantagen lebenden Bevölkerung, die allerdings noch nicht mit der Größe der Arbeiterschaft gleich zu setzen ist:

Goalapara	5 000
Kamrup	7 000
Nowgong	23 000
Darrang	132 000
Sibsagar	234 000
Lakhimpur	250 000 [20]

Die Garo-, Khasi-, Jaintia-, Naga Hills trennen das Teegebiet des Brahamaputratales von dem des Surmatales, in dem die Distrikte Cachar und Sylhet liegen, die eine Arbeiterbevölkerung von 147 000 bezw. 177 000 haben. Die Plantagen der beiden Täler liegen auf den hohen, gegen Überschwemmungen geschützten Flußterrassen, die sich für den Reisanbau nicht eignen und daher von der eingeborenen Bevölkerung nicht unter Kultur genommen worden sind und häufig mit einem dichten Urwald bedeckt waren. Das Roden des Urwaldes wurde vielfach von Assamesen besorgt. Sonst lassen sich diese als Aufseher, Pflanzungspolizisten und höchstens als Arbeiter bei der eigentlichen Teebereitung, also für Dienste im inneren Betriebe einer Plantage anwerben. Alle übrigen Arbeiten werden von Kräften verrichtet, die eingewandert oder eingeführt sind. Da sich die Teeanbaufläche Jahr für Jahr vergrößerte, so mußte auch in gleicher Weise die auf den Plantagen lebende Arbeiterschaft und deren Angehörige zunehmen. Die Anbaufläche betrug in Assam:

[20]) Nr. 33: Zensus 1931, Part. II, Prov. Tables III.

1875:	35 350 ha	1890:	93 540 ha
1880:	62 210 ha	1900:	133 620 ha
1885:	79 960 ha	1930:	174 000 ha [21])

Man zählte in Assam:

1865:	100 000 Kulis	1900:	662 500 Kulis
1880:	187 000 Kulis	1910:	763 200 Kulis
1885:	291 600 Kulis	1920:	1 011 000 Kulis
1890:	408 100 Kulis	1930:	1 065 000 Kulis [22]).

Das sind natürlich nicht alles erwachsene Arbeiter, sondern auch deren Frauen und Kinder, die z. T. nicht auf den Pflanzungen beschäftigt werden.

1. Die Herkunftsgebiete der Arbeiter.

Bis etwa zum Jahre 1859, solange der Bedarf an Arbeitern noch nicht besonders angewachsen war, konnten die Pflanzer Assamesen vom Stamme der Kachari anwerben [23]). 1853 begann die „Assam Company" schon Arbeiter aus dem benachbarten Bengalen einzuführen [24]). Mit der fortschreitenden Entwicklung genügten die eingeborenen Arbeiter nicht mehr und man war auf andere Provinzen angewiesen. Welchen Umfang diese Abhängigkeit erreichte, zeigen folgende Zahlenbeispiele: 1883 waren von den 157 622 erwachsenen Arbeitern nur 8 208 oder 5,2% in Assam geboren, die anderen 94,8% stammten aus anderen Provinzen [25]). 1928 gab es in Assam 615 479 Arbeiter [26]), die sich ihrer Herkunft nach folgendermaßen verteilen:

Unit. Prov., Bengalen und Bihar	220 474	35,9%
Chota Nagpur u. Santal Parganas	191 838	31,1%
Zentral-Provinzen	78 558	12,8%
Madras	59 176	9,6%
Assam	57 498	9,3%
Rest	7 935	1,2%
	615 479	100,0% [27])

Assam stellt nach dieser Übersicht nur 9,3% der Arbeiter. Es hat sich also auch heute noch nicht viel geändert.

In den ersten Jahrzehnten der Einwanderung kamen sehr viele Arbeiter aus den Assam zunächst liegenden Distrikten Bengalens. Bei der Steigerung des Bedarfs und der einsetzenden Industrialisierung Bengalens müssen weitere Distrikte durch Werbung

21) Nr. 11: Kiefer, S. 32 für 1875—1900.

22) 1880—1900 Nr. 51: Reports on the Administr. 1910—1930 Nr. 54: Reports on Immigr. Lab. in the Province of Assam.

23) Nr. 40: Gazetteer Bd. I.

24) Nr. 39: Gait, S. 355.

25) Nr. 37: Das, S. 27.

26) In dieser Zahl sind auch Arbeiter anderer Industrien enthalten, etwa 50 000.

27) Nr. 54: Report on Immigr. Labour, 1928/29.

für Assam erschlossen werden. Einmal gehen die Werber die dicht besiedelte Gangesebene hinauf nach Bihar und den Vereinigten Provinzen, zum anderen auf das Hochland von Dekan, wo das Chota Nagpur Plateau, das zur Provinz Bihar-Orissa gehört, die Zentral-Provinzen und Berar eine große Bedeutung erlangen. Diese Vergrößerung des Einzugsbereiches ist eine Folge der Erschließung Vorderindiens durch Eisenbahnen. Es sind immer solche Bezirke, durch die oder in deren Nähe Eisenbahnen führen, die sich besonders an der Lieferung von Arbeitern für das Bedarfsgebiet Assam beteiligen.

Am höchsten schätzt man die sogenannten „jungly coolies" der Zentral-Provinzen und von Chota Nagpur, weil sie am besten das Klima Assams vertragen und die geeignetsten Arbeiter für Teepflanzungen stellen.

Eine ganz besondere Bedeutung hat das Chota Nagpur Plateau, das als Waldland ein Rückzugsgebiet für drawidische Bevölkerungselemente ist, z. B. die Munda und Oraons [28]). Vor allem sind es die Distrikte Ranchi, Singhbum, Hazaribagh und Manghbum, deren Bewohner in großer Zahl nach den Teeplantagen sowohl von Bengalen wie Assam wandern. In der Gangesebene sind es die zu Bihar gehörenden Bezirke Monghyr, Saran, Bhagalpur, Muzaffarpur, Patna, Gaya und Shahabad, die nicht für alle genügend Lebensmöglichkeiten besitzen. In dem südlich von Chota Nagpur gelegenen [29]) Teile von Orissa ist Cuttack ein Auswanderungsdistrikt, ebenso wie die beiden zu Bengalen gehörenden ans Chota Nagpur-Plateau angrenzenden Bezirke Midnapur und Bankura. Die Auswanderer aus den Vereinigten Provinzen kommen fast alle aus Distrikten, die im Osten der Provinz, östlich einer Linie Allahabad—Fyzabad liegen [30]). Es sind die „subdivisions" Benares und Gorakhpur. In steigendem Maße sendet Madras in den letzten Jahrzehnten Arbeiter aus seinem nördlichen Teile, den Bezirken Vizagapatam, Ganjam und Godavari, 1921 stammten von 54 000 Leuten der Präsidentschaft Madras 48 000 aus den drei genannten Bezirken [31]). In den Zentral-Provinzen beteiligen sich seit 1902 die Bewohner der Distrikte Jubbulpore, Bilaspur, Chanda und Raipur an der Einwanderung in Assam. Von geringerer Bedeutung sind Berar, die zentralindische Agentschaft und Rajputana. Im ganzen gesehen ist ein ziemlich großer Teil Indiens in den Dienst der Versorgung der Plantagen Assams mit Arbeitskräften einbezogen.

2. Methoden der Werbung.

Wir unterscheiden in der Geschichte der Arbeiteranwerbung für Assam zwei verschiedene Systeme. Schon in den ersten Jahren bildete sich die Gruppe der Berufswerber, „contractors",

---

[28]) Nr. 44: Husain, S. 41.
[29]) Nr. 61: Stamp, S. 291.
[30]) Nr. 40: Gazetteer Bd. XXIV, S. 164.
[31]) Nr. 36: Census of Madras: Chapter Birthplace.

auch „a r k a t t i s“ genannt, die meist im Dienste von europäischen Firmen in Calcutta durch die Dörfer zogen und ihre Landsleute zu bewegen suchten, sich ihnen anzuschließen. Da sie aber sehr oft Betrüger waren und die einfältigen Bauern dauernd täuschten und belogen, gerieten sie sehr bald in Verruf. Schon 1863 wurde die Bestimmung erlassen, daß die „contractors“ einer Lizenz für ihre Tätigkeit bedurften. In den folgenden Jahren werden eine Reihe von Gesetzen zum Schutze der Kulis erlassen. Ein Gesetz aus dem Jahre 1882 bestimmt, daß alle Werber ihre Kulis nach Dhubri in Assam zu bringen haben, wo die Arbeitskontrakte unter behördlicher Beaufsichtigung unterzeichnet werden sollten [32]). 1889 erläßt die Regierung von Bengalen Bestimmungen über die Reiserouten, die Lieferungen von Lebensmitteln für die Arbeiter und ihre Behandlung auf dem Wege nach Assam. Das wichtigste Gesetz stammt aus dem Jahre 1901 und wird in der Literatur als „Act VI of 1901“ angeführt. Nach ihm dürfen keine Werber ohne Lizenzen arbeiten. Es muß genau geprüft werden, wie der Auswanderer zu seinem Entschluß gekommen ist, als Arbeiter nach Assam zu gehen. Zu diesem Zwecke hat der Werber die Angeworbenen vor die betreffende Distriktsbehörde zu bringen. Man will Zwang, Betrug, zu starke Beeinflussung, falsche Vorspiegelungen usw. verhindern. Ja, es ist seit 1901 sogar verboten, öffentlich für Assam Propaganda zu machen.

Ab 1916 werden auch lizensierte Berufswerber nicht zugelassen — eine Bestimmung des „Assam Labour and Emigration Act“. Seit dem genannten Jahre können Arbeiter nurmehr durch sogenannte „g a r d e n s a r d a r i“ geworben werden, die zum ersten Male von den Pflanzern Cachars verwendet wurden. Ein Gesetz aus dem Jahre 1870 erkennt diese Art an [33]). Ein „sardari“ ist ein gewöhnlicher Plantagenarbeiter, der von der Plantagenleitung in seinen Heimatdistrikt geschickt wird, um dort unter seinen Bekannten, Freunden und Verwandten neue Arbeiter anzuwerben [34]). Man nimmt als Sardari nur zuverlässige Leute, die schon eine längere Zeit auf der Pflanzung sind und den Wunsch haben, den Angehörigen in der Heimat einen Besuch abzustatten. Man sendet sie gewöhnlich im November, Dezember auf die Reise. Die Werbesaison dauert etwa bis Februar, März, spätestens bis April [35]). Das ist die Zeit, in der die Arbeit auf den Feldern ruht.

Der Assam verlassende Sardari erhält von seiner Plantage eine Bescheinigung, in der angegeben ist, in welcher Provinz und in welchem Distrikte er werben soll. Weiter enthält sie den Namen des Agenten, an den er empfohlen ist. Die Bescheinigung trägt er in einer Zinndose an seinem Halse. Zunächst begibt er sich zur nächsten Agentur der „Tea Districts Labour Associa-

---

[32]) Nr. 37: R. K. Das, S. 71.
[33]) Nr. 37: Das, S. 74.
[34]) Nr. 56: Report of the R. C., S. 360.
[35]) Nr. 37: Das, S. 73.

tion" Goalundo oder Gauhati. Von der Agentur erhält der Sardari seine Fahrkarte bis zum Depot der Association in dem Distrikte, den er aufsuchen soll. Die „Labour Association" unterhält in allen wichtigen Auswanderungsbezirken Lokalagenturen und Depots. Hier erhält der Werber genügend Geld, um sein Heimatdorf aufzusuchen und dort für einige Wochen zu leben. In dieser Zeit versucht er, neue Arbeiter für seine Plantage anzuwerben. Nachdem der Distriktsagent der Association geprüft hat, ob der Angeworbene auch freiwillig nach Assam geht und ob er sich für die von ihm erwartete Arbeit eignet, macht er den Behörden von der erfolgten Anwerbung Mitteilung, wartet die Bestätigung ab und sendet dann den Neuling in Begleitung des Sardari oder eines Boten nach Goalundo oder Gauhati, wo sich die sogenannten „transit-depots" befinden. Der Sardari erhält nach seiner Rückkehr auf seine Pflanzung eine Vergütung für seine Arbeit, und zwar im Surmatal 10 Rupien, im Brahamaputratal 20 Rupien für jede angeworbene Arbeitskraft.

Die Vorteile, die dieses Werbesystem bietet, wenn es gewissenhaft gehandhabt wird, sind unverkennbar. Während der berufsmäßige Werber von dem Ergebnis seiner Tätigkeit leben muß, erhält der Sardari für die Zeit seiner Reise denselben Lohn, den er auch auf der Pflanzung erhalten haben würde und ist daher nicht gezwungen, auf jeden Fall mit Erfolg zu arbeiten, was ihn unter Umständen zu Betrügereien veranlassen würde. Er bleibt mit seinen Dorfgenossen, die er angeworben hat, auch weiterhin zusammen, während der Berufswerber persönliche Beziehungen weder zu den Kulis noch zu der Plantage hat.

Man schätzt, daß jährlich etwa 70% aller erwachsenen Arbeiter als Sardari ausgeschickt werden, von denen etwa ein Drittel nicht zurückkehren. Eine sehr große Zahl findet sich, ohne Erfolg gehabt zu haben, wieder ein. Daraus ergibt sich, daß jeder neue Arbeiter dem Unternehmer beträchtliche Kosten verursacht. Den Verlust der Sardari und ihre erfolglose Reise betrachtet man in Pflanzerkreisen als eine Art Rücktransport (repatriation) bzw. als Urlaub, bei dem alle Kosten dem Arbeiter bezahlt werden.

3. Das „Für" und „Wider" bei der Auswanderung nach Assam.

Die Gründe, die einen Teil der Bevölkerung einzelner Provinzen nach Assam treiben, sind sehr schnell angeführt. Der Hauptgrund liegt in den Schwierigkeiten beim Erwerben der notwendigen Nahrung, sei es infolge einer außerordentlich hohen Bevölkerungsdichte, sei es infolge zu geringer Erträge, die die landwirtschaftliche Tätigkeit zeitigt. Es ist entweder Not oder der Wunsch, fruchtbares Land zur Bewirtschaftung zu erhalten, der viele veranlaßt, dem Werber zu folgen. Hinzu kommen dessen Überredungskünste und Schilderungen vom Leben und den Verdienstmöglichkeiten in Assam, das Locken des Vorschusses als treibende Elemente. Der Werber, der über reichliche Geldmittel verfügt, ist schließlich das beste Beispiel dafür, welche Vorteile mit der Auswanderung nach Assam verbunden sind. Die einfältigen Menschen glauben, daß dort alle Lebensmühsale ein Ende haben werden, und daß man in kurzer Zeit ziemliche Ersparnisse machen kann.

Die Pflanzer Assams klagen immer wieder darüber, daß sie nicht genügend Arbeiter erhalten können. Es herrscht sehr oft ein regelrechter Mangel an Arbeitern, besonders wenn in den Quellgebieten des Einwandererstromes gute Ernten eingebracht worden sind. In diesen Zeiten wirkt die Kehrseite Assams zu stark. Das ungesunde Klima und die damit verbundene hohe Sterblichkeit im Laufe des ersten Jahres einer Anwesenheit in Assam wirken abschreckend. Die Sterblichkeit unter den Kulis, die zum Teil mit geschwächter Gesundheit aus Teilen Indiens kamen, die ein ganz anderes Klima besitzen, ist noch bis in die neunziger Jahre des letzten Jahrhunderts entsetzlich hoch gewesen. Sie hat sich seitdem vermindert, da die Regierung und die Pflanzer in großzügiger Weise eine Sanierung erstrebt und keine Opfer gescheut haben. Als Hauptgründe für die hohe Sterblichkeit werden die allgemeine Ungesundheit der Provinz besonders in den ersten Jahren der Erschließung, dann der Klimawechsel sowie die Änderung der Ernährungsweise und sehr oft Hoffnungslosigkeit und Melancholie angegeben [36]).

Die große Entlegenheit Assams und die damit verbundene Reise, ebenso der Umstand, daß nur ein geringer Prozentsatz der Auswanderer wieder in die Heimat zurückkommt, hält viele davon ab, die besseren Lohnverhältnisse auszunutzen. Viele schreckte in früheren Jahren der Zwang ab, einen Arbeitsvertrag auf mehrere Jahre abschließen zu müssen, der unter pönaler Sanktion stand, d. h. dessen Bruch eine Rechtsverletzung bedeutete, die nicht nach dem Zivilrecht, sondern nach dem Strafrecht verfolgt wurde.

Sehr oft klagen die Werber über die Konkurrenz, die ihnen die anderen Industriezentren, besonders Bombay und Calcutta machen. Überdies sind die Behörden der Rekrutierungsgebiete nicht immer mit der Auswanderung einverstanden und suchen sie zu unterbinden. Die Provinzen haben das Recht, unter bestimmten Voraussetzungen die Werbearbeit für Assam zu verbieten. Häufig sind es die christlichen Missionare, die den Werbern entgegenarbeiten, indem sie ihre Schützlinge davor warnen, auf die Teeplantagen zu gehen [37]).

Große Hindernisse bieten auch die Fülle von Verordnungen, die von den Werbern beachtet werden müssen.

4. Der Weg des Einwandererstromes.

Die Flüsse Brahamaputra und Surma sind seit dem ersten Jahre der Einwanderung der wichtigste Wanderweg. Allerdings dauerte damals eine Reise von Calcutta bis Lakhimpur 5 bis 6

[36]) Nr. 37: Das, S. 115—116.
[37]) Nr. 30: Becker, S. 252.

Wochen, da die Dampfer nur tagsüber fahren können. 1860 richtete die „Allgemeine Indische Dampfschiffahrtsgesellschaft" einen Dampferdienst auf dem Brahamaputra ein. Alle sechs Wochen begannen zwei Dampfer die Fahrt, der eine in Calcutta, der andere in Dibrugarh. Erst 1884 wurde ein täglicher Dampferdienst eingerichtet. Heute ist ein sehr umfangreicher Fahrplan der Flußschiffahrt vorhanden, und man kann von Calcutta in 8 Tagen Dibrugarh erreichen [38]). Der Dampfer ist aber nicht das einzige Verkehrsmittel geblieben, das Assam mit dem übrigen Indien verbindet. 1902 wurde die „Eastern Bengal State Railway", die von Calcutta nach Jalpaiguri und Darjeeling führt, durch einen Abzweiger mit Dhubri an der Grenze von Assam verbunden, von wo man dann den Dampfer zur Weiterfahrt benutzen mußte. In den folgenden Jahren wurde die Linie von Golakgani durch Goalpara und Kamrup nach Gauhati und darüber hinaus nach Lumding in Süd-Nowgong weitergeführt und erhielt hier den Anschluß an die Assam-Bengal-Railway, die von Chittagong am bengalischen Meerbusen ausgeht und Bengalen mit Oberassam verbindet, indem sie durch das Surmatal führt, die Bergketten von Nordcachar überwindet und dann über Lumding, Golaghat und Sibsagar schließlich Sadiya erreicht [39]).

Bis zur Anlage der Eisenbahnen wurden sämtliche Kulis auf Dampfern ins Brahamaputra- und Surmatal befördert. Ausgangspunkte der Reise auf dem Surma war Chandpur, derjenige auf dem Brahmaputra Chandpura oder Goalundo. Die Eisenbahn hat den Kulitransport zu Schiff nicht ganz verdrängt. Heute kommen die Arbeiter zu Schiff und mit der Bahn, je nach dem Bestimmungsort und der Zeit, die sie haben. „In der kalten Jahreszeit, wenn die Anwerber mit Scharen von Kulis nach Assam zurückkehren, sind die Dampfer auf dem Brahmaputra und die Eisenbahnzüge oft mit Einwanderern angefüllt" [40]). Aber auch heute, in einer Zeit der beschleunigten Verkehrsmöglichkeiten, dauert die Reise eines solchen Arbeiters von seiner Provinz bis zu seiner Arbeitsstelle mindestens eine Woche, wenn nicht noch länger [41]). An den Hauptstationen und Landeplätzen sind Depots eingerichtet, in denen die Kulis verpflegt und untergebracht werden können. Diese Maßnahmen haben die Lage der Kulis auf der Reise bedeutend verbessert und die Sterblichkeit stark vermindert, die unter ihnen in früheren Jahrzehnten herrschte. Der Zustand der nach einer mehrwöchigen Dampferfahrt irgendwo in Assam landenden Arbeiterscharen war geradezu bedauernswert in den Tagen, als man eine Fürsorge noch nicht kannte. Kein Wunder, daß in den ersten Wochen nach der Ankunft die Arbeiter in großer Zahl hinwegstarben. Gerade in gesundheitlicher Hinsicht ist der heutigen verbesserten Verkehrsgelegenheit sehr viel zu verdanken.

[38]) Nr. 30: Becker, S. 266.
[39]) Nr. 30: Becker, S. 319—20.
[40]) Nr. 30: Becker, S. 256.
[41]) Nr. 56: Report of the R. C., S. 359.

5. Die Größe der Einwanderung.

Dank der scharfen Überwachung und der zahlreichen gesetzlichen Bestimmungen über die Einwanderung von Arbeitern nach Assam sind wir in der Lage, uns ein ziemlich genaues Bild von der Größe der Einwanderung zu machen. Unsere Quellen reichen allerdings nicht bis zu den ersten Jahren der Entwicklung der Teeindustrie zurück, sondern nur bis in die siebziger Jahre. Tabelle I zeigt die Größe der Einwanderung in den Jahren 1880 bis 1930. Für die Rückwanderung gibt es keine Angaben. Im ganzen sind in dieser Zeitspanne von 50 Jahren rund 2 265 000 Kulis eingewandert, natürlich nicht alles Erwachsene, sondern auch eine große Anzahl von Kindern, da die Pflanzer großen Wert darauf legen, ganze Familien zu bekommen. Frauen und Kinder werden bei der Ernte beschäftigt. Im Durchschnitt sind jährlich 42 000 Menschen nach Assam gebracht worden. Die z. T. erheblichen Schwankungen in der Größe der Einwanderung lassen sich alle auf zwei Gründe zurückführen. Einmal Nachlassen oder Ansteigen der Preise für Tee und damit Steigerung oder Senkung der Produktion, zum anderen schlechte Ernten, Hungersnöte oder aber das Gegenteil, gute Ernten und daher keine Impulse, die Heimat zu verlassen. Ganz besonders auffallend ist die Höhe der Einwanderung im Jahre 1918—1919, die sich durch die große Hungersnot erklärt, die Zentralindien und die großen Ebenen heimsuchte.

In den Jahren 1909—1919 wanderten etwa 555 000 Erwachsene ein, die sich ihrer Herkunft nach folgendermaßen gruppieren:

Herkunft der Arbeiter.

1) Verein. Prov., Bengalen und Bihar (Ebenen)	206 000	37,1%
2) Chota Nagpur und Santal Parganas	206 000	37,1%
3) Zentral-Provinzen	78 000	14,0%
4) Madras	60 000	10,8%
5) Ostbengalen und Assam	5 000	0,9%
	555 000	100,0% [42]).

Auf den Plantagen herrscht ein sehr großes Sprachengemisch. Man zählt nicht weniger als 48 Sprachen [43]).

6. Der Arbeitsvertrag. — Die Dauer des Arbeitsverhältnisses.

Da seit jeher der angeworbene und eingeführte Arbeiter dem Arbeitgeber ganz beträchtliche Kosten verursacht, sind die Pflanzer darauf bedacht, sich nach Möglichkeit auch eine entsprechende Gegenleistung zu sichern. Da nun beide Seiten nicht immer Rück-

[42]) Nr. 57: Resolution 1909/1919.
[43]) Nr. 60: Sion, S. 431.

sicht aufeinander nahmen, setzte 1863 eine gesetzgebende Tätigkeit seitens der Regierung ein. Durch alle Gesetze lassen sich zwei Bestrebungen verfolgen. Auf der einen Seite will man den Unternehmer vor einem vergeblichen Kostenaufwande schützen, der dann gemacht sein würde, wenn der Arbeiter nach kurzer Zeit aus irgendeinem Grunde die Arbeit niederlegen und sich heimlich entfernen würde. Vor dem Kriege konnte ein Kuli kaum für weniger als 200 Rs. eingeführt werden. Heute schwanken die Kosten zwischen 120—200 Rs. und liegen gewöhnlich um 150 Rs.[44]). Auf der anderen Seite will man den Arbeiter vor Betrügereien bewahren, ihm einen erträglichen Transport, ein gesundes Leben auf der Pflanzung, gute Behandlung und einen ausreichenden Lohn sichern[45]). Bis 1916 suchte man die Arbeiter zu veranlassen, einen mehrjährigen Arbeitskontrakt zu unterzeichnen. Brachen sie diesen Kontrakt, so setzten sie sich einer strafrechtlichen Verfolgung aus. Der Pflanzer hatte das Recht, sie verfolgen und verhaften zu lassen. Eigens dafür angestellte Pflanzungspolizisten hatten ein Weglaufen der Kulis zu verhindern. Der Kuli, der seine Kontraktzeit abgedient hatte, erhielt darüber eine Bescheinigung. Jeder, der ohne einen solchen Ausweis in der Nähe von Pflanzungen angetroffen wurde, wurde als Flüchtling betrachtet und festgenommen. Die versäumten Arbeitstage hatte der Wiedereingefangene nachzuholen. Dieses System ist bekannt unter dem Namen „indentured labour-system under poenal sanction“. Es wurde in Assam im Jahre 1863 eingeführt und bestand bis zum Jahre 1916. In den letzten Jahren seines Bestehens war die Zahl der Arbeiter, die sich bereitfanden, einen solchen langjährigen Kontrakt zu unterzeichnen, immer geringer geworden. 1876 unterzeichneten 73% der Einwanderer, 1897: 42%; 1915: 0,5%.

Heute ist der Arbeiter verpflichtet, die ihm gezahlten Vorschüsse abzuarbeiten und kann dann unter Einhaltung der monatlichen Kündigungsfrist sich einen anderen Arbeitsplatz suchen oder nach Hause zurückgehen, wenn er die Mittel dazu hat. Meist bleiben die Leute so lange auf der gleichen Pflanzung, bis sie entweder mit ihren Ersparnissen die Provinz verlassen oder sich in ihr als Bauern niederlassen. Manche bleiben 10—15—20 Jahre auf den Plantagen, da sie mit ihrem Lohne nicht zu wirtschaften verstehen. Da die Reisekosten sehr hoch sind, sind die meisten auf die finanzielle Unterstützung der Unternehmer angewiesen, wenn sie wieder zurückgehen wollen, denn sonst würden die Ersparnisse stark zusammenschrumpfen. Heute kommen Kulis häufig unter der Bedingung, daß ihnen die Rückfahrt bezahlt wird, für 6—12 Monate nach Assam[46]).

---

[44]) Nr. 56: Report of the R. C., S. 359.
[45]) Nr. 39: Gait, S. 355.
[46]) Nr. 56: Report of the R. C., S. 379.

7. Die Verteilung der Einwanderer.

Aus der Einwanderungsstatistik ist nicht zu entnehmen, wie sich die einflutenden Arbeiter innerhalb Assams verteilen. Hier müssen wir auf den Zensus zurückgreifen [47]).

Die eingewanderte Bevölkerung nimmt einen ziemlich hohen Prozentsatz unter der Gesamtbevölkerung ein.

	Gesamt-bevölkerung	Eingewandert	%
1911	7 059 000	882 000	12,5
1921	7 990 000	1 290 000	16,1
1931	9 247 000	1 408 000	15,2

Die Eingewanderten sind längst nicht alle Arbeiter auf den Plantagen, sondern es fallen darunter z. B. die kleine Gruppe der Europäer und vor allem die vielen Bauern, die aus den übervölkerten Teilen Bengalens in die westlichen Distrikte Assams eingewandert sind. Weiter gehören dazu die zahlreichen Handwerker und Kaufleute, die bei der steigenden wirtschaftlichen Bedeutung Assams dort ein günstiges Wirkungsfeld finden.

Wieviele von den Eingewanderten sich auf den Plantagen aufhalten, veranschaulicht folgende Gegenüberstellung für das Jahr 1921:

Geburtsland	Eingewanderte	Pl.-Arbeiter
Bihar-Orissa	571 000	388 000
Bengalen	376 000	28 000
Zentral-Prov. und Berar	91 000	60 000
Vereinigte Prov.	77 000	40 000
Madras	54 000	46 000
Zentralindische Ag.	18 000	12 000
Rajputana	16 000	4 000
Das übrige Indien	14 000	2 000
Außerhalb Indiens (davon Nepal 70 000)	73 000	3 000
	1 290 000	583 000

Besonders fällt die geringe Zahl von Plantagenarbeitern aus Bengalen auf im Vergleich zu der aus dieser Provinz stammenden Gesamtzahl von Menschen. Sehr groß ist die Zahl der Kulis, die sich nach Beendigung ihrer Kontrakte in Assam als Bauern niedergelassen haben, denn die Provinz ist reich an fruchtbarem, bisher noch nicht landwirtschaftlich genutztem Boden, der ihnen entweder von der Regierung oder von den Plantagengesellschaften zu niedrigen Pachtsätzen zur Verfügung gestellt wird. Auf diese

[47]) Nr. 33: Census 1911, 1921, 1931.

Weise nimmt die Bevölkerung stetig zu, gewinnt die Provinz wertvolle Kräfte.

Die meisten Teeplantagen liegen im Brahmaputratal und dementsprechend entfallen darauf nach dem Zensus von 1931: 655 000 oder 67% der ganzen Plantagenbevölkerung Assams. Das Surmatal beherbergt die restlichen 33% — 325 000 Köpfe. Innerhalb dieser beiden Landschaften verteilt sich dieser Teil der Bevölkerung wie folgt:

Distrikte	Plantagen-bevölkerung	%
Brahmaputratal 1931:		
Goalpara	5 065	0,5%
Kamrup	7 270	0,8%
Nowgong	23 436	2,4%
Darrang	132 496	13,5%
Sibsagar	234 274	23,9%
Lakhimpur	250 248	25,6%
Surmatal		
Cachar	147 620	15,1%
Sylhet	177 851	18,2%
	979 714	100,0%

Diese Übersicht läßt uns die Verteilung der Einwanderer erkennen, soweit es sich um Kulis handelt. Die stärkste Einwanderung haben Lakhimpur, Sibsagar, Sylhet, Cachar und Darrang.

Aufschlußreich ist auch eine Gegenüberstellung der Gesamtbevölkerung eines Distriktes und seiner Plantagenbevölkerung nach dem Zensus des Jahres 1921:

Distrikte	Gesamtbev.	Pl.-Bev.	%
Brahmaputratal:			
Goalpara	762 523	2 218	0,29%
Kamrup	762 671	5 209	0,68%
Nowgong	379 921	21 919	5,9 %
Darrang	477 935	122 749	25,6 %
Sibsagar	823 197	228 570	27,8 %
Lakhimpur	588 295	233 171	39,6 %
Surmatal:			
Cachar	527 228	136 733	26,2 %
Sylhet	2 541 341	168 970	6,6 %

Obenan steht hier wieder Lakhimpur. von wo die Teekultur ihren Ausgang nahm. Dieser Distrikt verdankt fast die Hälfte seiner Bevölkerung dem Vorhandensein der Plantagen. Von hier aus nimmt die Plantagenbevölkerung, je weiter wir flußabwärts gehen, ziemlich schnell ab. Goalpara, Kamrup und Sylhet, die eine Bevölkerungsdichte von 74, 76 und 183 haben, nehmen den Hauptteil der aus benachbarten Provinzen einströmenden Siedler auf. Assam ist gewissermaßen die Siedlungskolonie für die unter einem hohen Bevölkerungsdrucke leidenden Ebenen am Ganges und die daran sich anschließenden Teile des Hochlandes von Dekan.

Entsprechend der Verteilung der Plantagenbevölkerung finden wir in den Hauptdistrikten des Teeanbaues auch die meisten ehemaligen Kulis, die eine wichtige Rolle im Wirtschaftsleben spielen. Sie sind arbeitsamer als der eingeborene Assamese und sind sehr darauf bedacht, Überschüsse auf den Markt bringen zu können, für die genügend Abnehmer da sind, da die Plantagenarbeiter nur selten die Gelegenheit haben, die für ihren Unterhalt notwendigen Nahrungsmittel zu ziehen. 1920 schätzte man, daß rund 121 410 ha von solchen ehemaligen Kulis und ihren Angehörigen bewirtschaftet wurden [48]). Das vermittelt eine kleine Vorstellung von der Bedeutung der Teeplantagen für die wirtschaftliche Entwicklung Assams. Es ist anzunehmen, daß die Provinz heute noch nicht in den Verkehr einbezogen wäre, wenn sich nicht ein solch wichtiges Plantagengebiet innerhalb ihrer Grenzen entwickelt hätte.

C. Burma.

Burma, der wichtigste Teil der hinterindischen Reiskammer, ist ein ausgesprochenes Bauernland und sein wichtigstes Exportprodukt wird von einheimischen Bauern erzeugt. Im Gegensatz dazu erhalten die Ghats Südindiens, Assam und die noch zur Betrachtung stehenden Ceylon und Malaya ihre weltwirtschaftliche Bedeutung durch ihre Plantagenunternehmungen. Der Reisbau Burmas hat seinen Träger im bodenständigen burmanischen Bauern, der Plantagenanbau hingegen ist auf den landfremden, eingewanderten Lohnarbeiter angewiesen.

Aber auch die Provinz Burma gehört zu denjenigen Teilen des indischen Reiches, die einer Einwanderung bedürfen, um für die Wirtschaft die notwendigen Arbeitskräfte zu erhalten. Nach dem Zensus von 1921 lebten in Burma unter einer Gesamtbevölkerung von 13 212 000 697 000 oder 3% Personen, deren Geburtsort jenseits der Grenzen der Provinz lag (Indien 573 000, China 102 000, Nepal 14 000, Siam 8 000).

Auffallend ist die geringe Dichte Burmas. Es leben hier nur 24 Menschen auf dem qkm (1931), während die Durchschnittsdichte des indischen Reiches 75 beträgt. Burmas Dichte wird von keiner anderen Provinz unterboten. Seine höchsten Dichtewerte gehen nicht über 80 pro qkm hinaus [49]).

Der Burmane widmet seine Arbeitskraft vorzugsweise der Landwirtschaft und im besonderen dem Reisbau. So ernährte eine ausschließlich landwirtschaftliche Tätigkeit im Jahre 1901

[48]) Nr. 33: Census 1921.
[49]) Nr. 41: Gravenhorst, S. 28.

66% der Gesamtbevölkerung [50]) und im Jahre 1921 im Deltagebiet sogar fast 70% [51]). Unter den Anbaupflanzen nimmt der Reis die erste Stelle ein und bedeckt zwei Drittel der gesamten Kulturfläche [52]).Die Betriebsgrößen wechseln von Distrikt zu Distrikt. Im Innern schwanken sie im Durchschnitt zwischen 3—6 ha, während im Küstendistrikt Pegu, dessen Kulturfläche nahezu 100% mit Reis bestanden ist [53]), die Betriebe durchschnittlich 10 ha umfassen [54]). Die Verhältnisse von Pegu treffen wir auch in anderen Deltadistrikten an. Gerade in den wichtigsten Reisanbaugebieten gibt es größere Bauernhöfe und Güter, die beträchtliche Mengen von Reis für die Ausfuhr erzeugen. Solche Betriebe sind naturgemäß darauf angewiesen, Lohnarbeiter einzustellen, da hier die Arbeitskraft der Familie nicht ausreicht. Einen Mangel an kulturfähigem Boden, also eine Bodenfrage, kennt die Provinz nicht. Heute noch stehen einer Kulturfläche von rund 8 700 000 ha etwa 24 000 000 ha gegenüber, die ebenfalls einen lohnenden Anbau erlauben würden. Ähnliche Verhältnisse sind nur noch in Assam anzutreffen. Daher gibt es in Burma unter der eingeborenen Bevölkerung wenig Personen, die auf Lohnarbeit in der Industrie angewiesen wären. Dies erklärt die Tatsache, daß die Industrie sowohl als die Landwirtschaft Burmas in großem Umfange aus einer Einwanderung indischer Arbeiter ihren Nutzen ziehen. Es gibt für Burma keine genauen Angaben, aber man geht mit der Annahme nicht fehl, daß mindestens drei Viertel aller Arbeiter in Fabriken, Gruben, auf Oelfeldern, Kautschukplantagen und bei den Eisenbahnen Inder sind. Vor allen Dingen befinden sich sehr viele Inder in den Hafenstädten, besonders in Rangoon, der einzigen Industriestadt Burmas. Nach dem Zensus von 1921 stellten die Inder mehr als 55% der Rangooner Bevölkerung und über 65% der Männer. Über 70% der männlichen Bevölkerung der Stadt waren Hindus und Mohammedaner, von diesen waren 95% außerhalb Burmas geboren [55]). Die Inder bilden aber nicht nur die Arbeiterschaft der Industrie, sondern in weitem Umfange auch das Heer der Dienstboten, Handwerker und kleinen Händler. Sehr viele verdienen, wie schon erwähnt, als Landwirtschaftsarbeiter ihren Lebensunterhalt. Sie schließen sich in Gruppen zusammen, die einem Vorarbeiter unterstehen und verdingen sich auf größeren Gütern und bei wohlhabenden Bauern zu allen mit dem Reisbau verbundenen Arbeiten. In der Zeit zwischen Ernte und der neuen Feldbestellung sind sie in Reismühlen oder in Häfen beim Transport tätig, um mit dem Beginn des Sommermonsums wieder aufs Land zu ziehen. Leider fehlen alle Angaben über die Anzahl von indischen Saisonarbeitern, die in der Landwirtschaft Burmas beschäftigt sind.

[50]) Nr. 40: Gazetteer Bd. IX, S. 149.
[51]) Nr. 41: Gravenhorst, S. 37.
[52]) Nr. 62: Stamp, S. 342.
[53]) Nr. 38: Engelbrecht, S. 215.
[54]) Nr. 40: Gazetteer, Bd. IX, S. 154.
[55]) Nr. 56: Labour in India, S. 425 u. S. 75.

Von den 100 000 Arbeitern, die schätzungsweise im Dienste der Industrie stehen, ist nahezu die Hälfte nur während eines Teiles des Jahres beschäftigt, so vor allem die 40 000 Reismühlenarbeiter, die sich auf etwa 600 Betriebe verteilen [56]). Die Reismühlen sind meist nur sechs Monate im Betrieb, von Dezember bis Juni.

Die indische Einwanderung in Burma ist keine junge Erscheinung, sondern geht auf das 18. Jahrhundert zurück. Aber erst seit den 60er Jahren des 19. Jahrhunderts kommen vor allem mittellose Inder nach Burma, um Lohnarbeit zu suchen. Die Unterbevölkerung des Landes und die steigende Nachfrage nach Arbeitskräften, die zur Entwicklung der Landwirtschaft und der Industrie benötigt werden, ermuntern eine Einwanderung sehr stark. Dazu treten als treibende Faktoren die schon geschilderten Verhältnisse in der Heimat der Arbeiter.

Die indischen Einwanderer kommen zu Land aus den an Burma grenzenden Distrikten Bengalens, besonders zahlreich aus Chittagong. Bedeutend wichtiger ist aber die über See erfolgende Einwanderung, bei der wir zwei Ströme unterscheiden können. Der erste kommt von Calcutta und bringt Arbeiter aus Bengalen, Bihar-Orissa und den Vereinigten Provinzen. Der zweite Strom hat die Häfen der Koromandelküste und vor allem den Hafen Madras zum Ausgangspunkt. Sein Einzugsgebiet bildet die Präsidentschaft Madras, besonders die im Norden der Provinz gelegenen Distrikte Ganjam, Vizagapatam und Godavari. Von tausend in Burma gezählten und in Madras geborenen Personen stammten aus:

Ganjam	285	Kistna	50
Vizagapatam	211	Madura	36
Godavari	149	Malabar	26
Tanjore	84	Tinnevelly	26
Ramnad	77	And. Distrikte	56
			1000 [57])

Der Verkehr zwischen Rangoon und Calcutta schwankt kaum in seinem Umfange im Verlaufe eines Jahres, die Wanderungen zwischen Madras und Burma hingegen sind starken Saisonschwankungen unterworfen [58]). November und Dezember sind die Monate der stärksten Einwanderung. Die Rückwanderung erfolgt besonders in den Monaten März bis Mai. Kulis mit Calcutta oder Madras als Zielhafen verlassen Burma im Mai, während die übrigen Häfen an der Koromandelküste im März die meisten Heimkehrer empfangen [59]).

Über die Art der Werbung läßt sich nur Weniges sagen. Die burmanischen Arbeitgeber vergeben sehr häufig die Ar-

---

[56]) Nr. 56: Labour in India, S. 27.
[57]) Nr. 35: Census of Burma 1921, S. 50.
[58]) Nr. 35: Census 1921, Chapter III, Birthplace.
[59]) Nr. 29a: Andrew, S. 19.

beiten an Unternehmer, sogenannte „contractors" oder „maistries", die ihrerseits die dazu erforderlichen Kräfte in Indien anwerben. Sie bedienen sich hierbei meist sog. „submaistries", die, wenn es sich um mit der Reissaison zusammenhängende Arbeiten handelt, im Oktober in ihre heimatlichen Dörfer gehen und unter der ärmeren Bevölkerung Arbeiter suchen. Sie zahlen Vorschüsse in durchschnittlicher Höhe von Rs. 25. Der „submaistrie" trägt weiter alle Reiseunkosten. Der Arbeiter verpflichtet sich nach seiner Ankunft in Burma durch Unterschrift oder Daumenabdruck zur Rückzahlung von Vorschuß und Reisekosten. „Fast alle Reisträger und die zum Einsacken und Vernähen der Säcke verwendeten Kulis haben bei ihren „submaistries" Schulden . . . Wenn sie nach Indien zurückgehen wollen, erlaubt er es ihnen nur unter der Bedingung, daß sie auf Aufforderung hin zurückkommen [60])." Andere Arbeiter kommen auf eigene Kosten nach Burma, es sind meist solche, die früher schon einmal dort gearbeitet haben und aus dieser Zeit noch Ersparnisse besitzen. Ein Teil erhält die Reisemittel von Verwandten, die in Burma tätig sind oder borgt sie sich.

Um über die Größe der Wanderbewegung etwas aussagen zu können, sind wir auf die Hafenstatistik Rangoons angewiesen. Rangoon ist seit der Einschränkung der nordamerikanischen Einwanderung der bedeutendste Ein- und Auswanderungshafen der Welt. In der Zeit von 1913—1929 landeten in Rangoon 4 580 730 Inder (davon 4 067 386 Männer, 311 400 Frauen und 201 944 Kinder), im Durchschnitt jährlich 286 000 Personen; es verließen in der gleichen Zeit den Hafen 3 456 985 Inder, jährlich 216 000. Es verblieb also Burma ein Überschuß von 1 123 745 oder im Jahre 70 234 Personen [61]). Aus diesen Angaben läßt sich die wichtige Feststellung ablesen, daß die meisten Einwanderer nicht in der Absicht kommen, sich in Burma für dauernd niederzulassen. Es ist vielmehr so, daß viele Arbeiter nur für eine Saison, d. h. für 5—6 Monate, einwandern. Die meisten bleiben 3—5 Jahre, da sie die Kosten für häufigere Reisen nicht tragen können, und ein kürzerer Aufenthalt ihnen keine größeren Ersparnisse ermöglicht [62]). Die meisten Arbeiter kommen ohne ihre Angehörigen, sie unterstützen diese durch Geldsendungen. Wir können annehmen, daß nahezu alle durch die Hafenstatistik erfaßten Inder Arbeiter sind, die durch die guten Lohnverhältnisse angelockt werden. Die Löhne, die in Burma gezahlt werden, sind weit höher als diejenigen, die ein ungelernter Arbeiter im Durchschnitt in seiner Heimat verdienen kann.

Besser als über die Einwanderung sind wir über die Verteilung der Inder in Burma unterrichtet. Der Zensus Burmas von 1921 faßt die Distrikte zu folgenden Einheiten zusammen:

---

[60]) Nr. 56: Labour in India, S. 429.
[61]) Nr. 29a: Andrew, S. 222.
[62]) Nr. 29a: Andrew, S. 20.

1) Deltadistrikte, das sind die Ebenen des Irawaddy und Sittangdeltas,
2) Küstendistrikte, die vorwiegend gebirgigen Küstengebiete von Arakan und Tenasserim,
3) Zentraldistrikte, das niedrige Hügel- und Tafelland Zentralburmas,
4) Norddistrikte, das Gebirgsland im Norden [63]).

Weiter gehören zur Provinz die Chin-Hills, Salween und die Shanstaaten.

In Burma zählten die Inder:

	Personen	Männer	Frauen	% der Ges.-Bev.
1901	590 000	442 000	148 000	5,6%
1911	745 000	558 000	187 000	6,1%
1921	887 000	654 000	233 000	6,7%

Im Jahre 1921 verteilte sich die indische Bevölkerung in Burma wie folgt:

	Personen	Männer	Frauen	% Anteil a. d. Ges. Bev.	% aller Inder
Deltadistrikte	491 800	385 600	106 200	10	55
Küstendistrikte	260 400	164 400	96 000	17	29
Zentraldistrikte	90 000	69 500	20 500	2	10
Norddistrikte	24 100	18 000	6 000	4	3
Chin-Hills, Salween u. Shanstaaten	20 700	16 400	4 300	1	2

Das Deltagebiet, in dem infolge des Reisbaues der wirtschaftliche Schwerpunkt Burmas liegt, beherbergt die meisten Inder (55%), wird aber in bezug auf den prozentualen Anteil der Inder an der Gesamtbevölkerung von den Küstendistrikten übertroffen. Je weiter wir uns von den Küsten entfernen und über die Schwemmlandsebenen hinausgehen, umso mehr verliert das indische Element an Bedeutung. Wie schon früher angedeutet wurde, finden wir Inder vor allem in den Städten, besonders in Rangoon (189 000). In den dicht besiedelten Deltabezirken sind sie in jedem Dorfe anzutreffen, sei es als Bauern, sei es als Landwirtschaftsarbeiter, ja, es gibt sogar rein indische Weiler, besonders in dem an Chittagong angrenzenden Akyab, das unter allen Distrikten die meisten Inder und zwar überwiegend Bengalesen aufgenommen hat: 1921 201 000 Personen oder 23% der gesamten indischen Bevölkerung Burmas. Von diesen waren 149 000 in Akyab

[63]) Nr. 41: Gravenhorst, S. 2.

geboren. Dies gestattet uns die Annahme, daß es sich hier nicht so sehr um eine Einwanderung von Lohnarbeitern, sondern vielmehr von Bauern handelt, die hier selbständig und seßhaft geworden sind. Auf Akyab folgen Rangoon mit 189 000 oder 21% der Inder, Hanthawaddy, der Rangoon vorgelagerte Küstendistrikt, mit 62 000 oder 7%, Pegu im Sittangtale mit 50 000 oder 6%, Amherst an der Küste von Tenasserim mit 41 000 gleich 5% und Insein nördlich von Rangoon mit 32 000 oder 4% der Inder Burmas. Alle die genannten Distrikte sind wichtige Reisanbaugebiete. In den weiter landeinwärts gelegenen Bezirken sind die Inder vor allem in den Siedlungen entlang der Eisenbahn und den Dampferlinien anzutreffen. Sie sind als Landwirtschafts- und Eisenbahnarbeiter und Händler eingewandert. Ein Teil ist mit der Zeit seßhaft geworden.

In ihrer Struktur und ihrer Bedeutung unterscheidet sich die burmanische Arbeiterwandung von denjenigen nach Assam, Ceylon und Malaya. Die Wanderungen nach Assam wie die nach Ceylon und Malaya werden im Gegensatz zur burmanischen von der indischen Regierung überwacht. Diese Gebiete sind Plantagenländer und die Erzeugung der Güter, die sie auf den Weltmarkt bringen, ist nur möglich, wenn die notwendigen Arbeitskräfte einwandern. — In Burma herrscht der Bauernbetrieb. Inder werden einmal in der Industrie, im Transportgewerbe und anderen Zweigen des wirtschaftlichen Lebens benötigt, da der Burmane die industrielle und im ewigen Gleichschritt verlaufende Arbeit scheut. Weiter bedarf man seiner in nicht zu unterschätzendem Umfange beim Reisanbau auf den größeren Bauernhöfen und den Gütern in den Deltagebieten. Der Inder stellt aber hier im Gegensatz zu den Plantagengebieten nicht die Grundlage des wirtschaftlichen Lebens, sondern nur eine zusätzliche Kraft.

Kap. IV.

Ceylon und sein Bedarf an Plantagenarbeitern.

a) Ceylons Plantagen.

Vor etwas mehr als hundert Jahren setzte mit der Besitzergreifung Ceylons durch die Engländer die Entwicklung dieser Insel zu einem der bedeutendsten Plantagenländer Südostasiens ein.

Wir beobachten in Ceylon, wie auch in anderen Teilen der Tropen, daß die Nutzpflanzen, die in den Pflanzungen angebaut werden, nicht immer dieselben bleiben. Ceylon erlebte die große Umstellung von Kaffee auf Chinin und weiter auf Tee, zu dem dann zu Beginn unseres Jahrhunderts Kautschuk trat.

Heute finden wir als wichtigste Plantagenprodukte der Insel Tee, Kautschuk und die Kokosnuß, daneben noch Zimt und Kakao. Folgende Flächen sind von diesen Produkten bedeckt:

Kokos	445 170 ha
Kautschuk	215 510 ha
Tee	184 950 ha
Zimt	16 190 ha
Kakao	13 760 ha [1]

Unter diesen ist der Zimt, der auf Ceylon einheimisch ist, zuerst im Jahre 1769 von dem damaligen holländischen Gouverneur J. W. Falk in Gärten oder Pflanzungen angebaut worden. Bis dahin kam der Zimt nur wild vor, bildete unter der Herrschaft der Portugiesen und Holländer den Hauptexportartikel. Der Handel mit Zimt war seit je königliches Monopol und blieb es auch unter der Herrschaft der wechselnden europäischen Machthaber bis 1833 [2]. Bei der Zimtgewinnung wurde die Arbeiterfrage in einer ganz einzigartigen Weise gelöst. Die Kaste der „Chalias" hatte seit jeher die Pflicht, die Rinden des Zimtstrauches zu sammeln und abzuliefern [3]. Dieses System übernahmen nacheinander die Portugiesen, Holländer und Engländer. Die heutigen Zimtplantagen sind Eingeborenenpflanzungen, in denen die Arbeit noch immer von den Chalias geleistet wird. Hier wird also an einer uralten Tradition festgehalten.

---

[1]) Nr. 68: Ceylon, Blue Bock 1930.
[2]) Nr. 167: Asiatic Journal 1833, S. 99.
[3]) Nr. 72a: Pieris, S. 29.

Zimt kann in allen Gebieten mit reichlichem Niederschlag in Höhen unter 600 m angepflanzt werden. Die besten Qualitäten werden auf den leichten, weißen, sandigen Böden des Negombodistriktes in der Westprovinz gewonnen [4]).

Unter den eingeführten tropischen Nutzpflanzen kam als erster der Kaffee, der schon vor der Ankunft der Portugiesen in Ceylon durch die Araber bekannt geworden war, zu großer Bedeutung. Die Singhalesen konnten aber mit den Früchten nichts anfangen. Sie verwerteten die Blüten als Schmuck und die zarten Blätter als Gewürz [5]). Etwa um 1690 begannen die Holländer den Kaffeeanbau und sie forderten im Jahre 1720 die Eingeborenen zum Kultivieren von Kaffee auf. Der Ceylonkaffee erlag aber im Konkurrenzkampfe demjenigen von Java. Unter der Herrschaft der Engländer setzte dann im Jahre 1825, nach der ersten Erschließung des steil nach Westen hin abfallenden Berglandes durch Straßen, die Anlage von Kaffeeplantagen in großem Umfange ein. Der Entwicklung der Kaffeepflanzungen kam die Sklavenemanzipation zugute, denn in dem Augenblicke, in dem die Produktion von Jamaica, Dominica und Guayana zurückging, erschienen die ersten Ernten aus Ceylon auf dem Markte [6]).

Kaffee-Einfuhr Englands aus:

	Westindien	Ceylon
1827	13 327 080 kg	811 980 kg
1837	7 056 780 kg	3 060 850 kg
1847	2 382 530 kg	8 822 580 kg
1857	1 836 850 kg	30 556 500 kg [7]).

Die beiden Zahlenreihen spiegeln die große Umstellung auf das deutlichste wider. Das Bergland wurde in kürzester Zeit mit Kaffeepflanzungen übersät. Jedes Jahr fielen hunderte Hektar der Rodung zum Opfer. Die Erschließung des Urwaldes durch Pflanzungen artete in einen „Boom“ aus, auf den im Jahre 1845 eine große Finanzkrise folgte, die die unsoliden Unternehmungen wegfegte. Nachdem die Krise beendet war, nahm der Kaffeeanbau weiterhin zu. Der Kaffee erhielt eine Monopolstellung. Im Jahre 1878, im Jahre der größten Ausdehnung, waren etwa 111 300 Hektar mit ihm bepflanzt.

1837	2 020 ha	1855	32 380 ha [8])
1846	19 830 ha	1877	111 290 ha [9])

---

[4]) Nr. 70: Ceylon . . . Part II, S. 100—101.
[5]) Nr. 138: Tennent, Bd. 2, S. 226.
[6]) Nr. 79: Tennent, Bd. 2, S. 228.
[7]) Nr. 79: Tennent, Bd. 2, S. 229 Anm. 2.
[8]) 1837—55 Nr. 77: Recruiting 1928, 3.
[9]) Nr. 78: Sundaram, S. 460.

In den siebziger Jahren kam die große Katastrophe über die Kaffeekulturen, die durch einen Pilz „Hemileia vastatrix" verursacht wurde, der 1869 von Afrika nach Ceylon eingeschleppt wurde. Diese Kaffeekrankheit breitete sich sehr stark aus und da man sie nicht bekämpfen konnte, waren die Pflanzer gezwungen, sich umzustellen. Zunächst ersetzte man den Kaffee durch Chinarinde, „cinchona succirubra" und „cinchona officinalis". Als ein starker Preissturz den Anbau von Chinarinde unlohnend machte, wandte man sich stärker dem Tee zu, der heute wertmäßig an erster Stelle unter den Pflanzungsprodukten Ceylons steht.

Der Tee ist in Ceylon nicht einheimisch, sondern um 1840 wurden die ersten Pflanzen von Indien gebracht. 1842 wurde der erste Garten in Rambodde angelegt [10]). Tee wächst in allen Höhenlagen zwischen Meereshöhe und 2000 m bei günstigen Temperatur- und Niederschlagsverhältnissen, doch ist in Ceylon die Höhenlage von etwa 900 m und darüber diejenige, die den besten und hochwertigsten Tee liefert. Die wichtigsten Teeanbaudistrikte sind Nuwara Eliya, Kandy und Badulla, welche zusammen etwa 80% des Teeareals Ceylons haben.

Wie sich der Tee in Ceylon ausbreitete, zeigt folgende Zahlenreihe:

1867	4 ha
1875	440 ha
1885	41 390 ha
1895	123 430 ha
1905	157 890 ha
1915	165 590 ha
1925	169 230 ha
1930	185 020 ha [11])

Seit 1915 gibt es keine Kaffeeplantagen mehr auf Ceylon. Restlos ist er vom Tee und dem jüngsten unter den Plantagenprodukten, dem Kautschuk, verdrängt worden. Der erste Versuch mit dem Anbau von „Hevea brasiliensis" ist 1876 in Henaratgoda in der Nähe von Colombo gemacht worden.

Kautschuk gedeiht in Ceylon in Höhen vom Meeresspiegel bis 600 m, allerdings ist in Höhen über 450 m das Wachstum verringert. Die Hauptanbaugebiete liegen in der Provinz Sabaragamuva, im Kelani Tal und dem Distrikt Kalutara. Daneben finden wir noch Kautschukpflanzungen in Kandy, Matale, Galle und anderen Bezirken. In welchem Umfange der Anbau von Hevea brasiliensis in Ceylon Boden gewann, zeigen folgende Zahlen:

---

10) Nr. 67: Cave, S. 3.
11) Nr. 70: Ceylon, Part II, S. 24.

1898	290 ha
1900	710 ha
1904	10 120 ha
1908	72 870 ha
1912	87 850 ha
1916	101 210 ha
1920	160 730 ha
1930	216 200 ha

Die Angaben für die Jahre 1920 und 1930 enthalten sowohl Plantagen als auch die kleinen Betriebe von Eingeborenen.

Die Kokosnuß nimmt von jeher in Ceylon große Areale ein. Unter der Herrschaft der Holländer nahm der Anbau stark zu, nicht nur entlang der Küste im Süden von Colombo und auf der Halbinsel Kalpitiya, sondern auch im Innern. Ein breiter Gürtel von Kokosplantagen zieht sich heute der Westküste entlang durch die Nordwest-, West- und Südwestprovinz. Sehr viele Pflanzungen sind in Händen von Eingeborenen. Die Arbeitskräfte bestehen häufig zur Hälfte aus Singhalesen der umliegenden Dörfer.

Die Plantagen Ceylons ordnen sich so an, daß der Bereich des westlichen Flachlandes der Kokospalme gehört. Das Hügelland der Provinz Sabaragamuva, der Anstieg zum zentralen Gebirge wird vom Kautschuk beherrscht. Der Tee, das Produkt des tropischen Berglandes, bedeckt die Gebiete im SW, die wegen ihrer Höhe sich für Kautschuk und andere Produkte nicht mehr eignen, für ihn aber die besten Möglichkeiten bieten.

Mit der Höhenlage der Pflanzungen steigt die Schwierigkeit in der Beschaffung der notwendigen Arbeitskräfte, da die Dichte der Bevölkerung mit steigender Höhe abnimmt. Für die Singhalesen aus dem Flachlande ist der Aufenthalt im Hochlande nicht besonders zuträglich. Hinzu kommt, daß die Teepflanzungen die arbeitsintensivsten Betriebe sind, während der Bedarf an Arbeitern in Kautschuk- und Kokosplantagen weit geringer ist. Die letzteren arbeiten mit einem hohen Prozentsatz einheimischer Arbeiter, während die anderen Betriebe überwiegend indische Tamilen beschäftigen, die z. B. bei Tee 97% der Anbaufläche bearbeiten.

b) Die Einwanderung indischer Arbeiter.

Da im Jahre 1817 die Sklaverei in Ceylon abgeschafft worden war, waren die Kaffeepflanzer vom ersten Jahre an darauf angewiesen, die notwendigen Arbeiter in Südindien anzuwerben. Dies erwies sich als notwendig, da die eingeborene Bevölkerung nicht in genügender Anzahl bereit war, als Lohnarbeiter auf die Plantagen des Berglandes zu ziehen, während auf der anderen Seite die Nachfrage nach Kräften von Jahr zu Jahr stieg. Die Singhalesen zogen es vor, in ihren eigenen kleinbäuerlichen Betrieben zu arbeiten.

Es waren nach Schätzungen auf den Pflanzungen beschäftigt:

	Inder
1827	10 000
1846	80 000
1855	128 000 [12])
1877	380 000 [13])

1. Das System der Werbung in Südindien.

Schon in den ersten Jahren der Einwanderung hat sich das sogenannte „Kangani"-Werbesystem entwickelt. Der Kangani ist ein Vorarbeiter oder Aufseher auf einer Plantage. Auf jeder größeren gibt es einen Oberkangani, der verschiedene Unter- und Silarakangani unter sich hat. Der Silarakangani ist das Haupt einer kleinen Gruppe von Arbeitern, die meist aus mehreren untereinander verwandten Familien besteht. Der Kangani ist der Mittelsmann zwischen der Betriebsleitung und der Arbeiterschaft. An ihn werden die Löhne für seine Gruppe, seinen „Gang" ausgezahlt, die er seinerseits weitergibt, nachdem er einen Betrag eingehalten hat, um die Schulden wieder einzutreiben, die seine Leute bei ihm haben. Dieses System erinnert sehr stark an unser Wanderarbeitersystem der Vorkriegszeit, bei dem die Rolle des Kangani dem Vorarbeiter oder Vorschnitter zufällt. „In der Regel werden die Wanderarbeiter gruppenweise mit Hilfe von Anwerbern gemietet, welche für eine solche Gruppe den Vorarbeiter, den sogenannten „Vorschnitter" abgeben. Dieser macht mit den einzelnen Leuten auch Art und Höhe der Lohnbezüge aus, beaufsichtigt sie bei der Arbeit und nimmt für sie auch meist den Lohn in Empfang [14])." Bei Bedarf an Arbeitskräften wird der Unterkangani in seine Heimat zurückgeschickt, um unter seinen Verwandten, Bekannten und in seiner Kaste neue Arbeiter anzuwerben. Daß er dabei den Landsleuten ein möglichst günstiges Bild entwirft, ist allzu verständlich, zumal er persönliche Vorteile hat, wenn seine Werbereise erfolgreich war. Hier liegt eine Gefahr vor, nämlich die Versuchung, durch Betrügereien einen möglichst großen Erfolg herbeizuführen.

Es muß zwischen der Zeit des Kaffeeanbaues und der nachfolgenden unterschieden werden. Die Arbeit auf den Kaffeeplantagen hat den Charakter der Saisonarbeit, sodaß die große Mehrzahl der Arbeiter nur für kurze Zeit im Frühjahr und im Herbst nach Ceylon kam, um nach Beendigung der Arbeit nach einigen Wochen mit ihrem Verdienst wieder in die Heimat abzuziehen. Das änderte sich in den achtziger Jahren, da der Tee eine dauernde, sorgfältige Pflege benötigt und häufig gepflückt werden muß, wozu man viele Frauen und Kinder braucht, da sie für diese Arbeit geschickter als Männer sind.

[12]) Nr. 75: Colonial Report 1928, S. 78 (1827—55).
[13]) Nr. 77: Recruiting 1928, 3.
[14]) Nr. 1: Aereboe, S. 133.

Bis zum Jahre 1922 spielten bei der Werbung Vorschüsse eine große Rolle, die von dem Kangani an die Arbeiter gezahlt wurden. Einmal bedeuteten sie einen starken Anreiz, und zum anderen konnte man durch sie den Arbeiter an die Plantage fesseln. Zur Zeit des Kaffeeanbaues wurden Vorschüsse kaum gezahlt, da der Unternehmer kein Interesse daran hatte, einen Arbeiter möglichst lange zu behalten. Das änderte sich mit der Ausbreitung des Tees. Durch die Vorschüsse, die der Arbeiter wieder zurückzuzahlen hatte, blieb er in starker Abhängigkeit vom Kangani und damit auch von der Plantage, die ihrerseits diesem die erforderlichen Mittel vorstreckte. Die Kulis, die einmal verschuldet waren, kamen kaum mehr frei. Es häuften sich die Klagen, sodaß die Regierung sich veranlaßt sah, einzugreifen.

Zunächst richteten die vereinigten Pflanzer im Jahre 1904 die „Ceylon Labour Commission" und die „Coast Labour Agency" ein, die bis zum Jahre 1922 arbeiteten. Diese Organisationen hatten die Aufgabe, die Werbearbeit der Kanganis zu überwachen, die unerfahrenen Inder vor den übeln Praktiken der Werber zu bewahren und für eine genügend große Einwanderung zu sorgen. Da aber auch jetzt die Klagen noch nicht verstummten, unterwarf die indische Regierung die ganze Auswanderung von Madras nach Ceylon einer scharfen Überwachung.

Zuerst wurden sämtliche Schulden, die die Kulis bei den Kanganis und diese bei den Pflanzungsgesellschaften hatten, im Jahre 1921 gestrichen, denn hier lag eines der Grundübel. Die Kanganis nützten auf der einen Seite ihre Landsleute aus und auf der anderen Seite übten sie einen starken Druck auf die Betriebsleitungen aus, indem sie z. B. in Zeiten des Arbeitermangels erhöhte Anforderungen an diese stellten. Wurden diese abgewiesen, so gingen sie mit ihrem „gang" zu einer anderen Plantage, die ihnen ihre Forderungen bewilligte und die Schulden des Kangani bei dem alten Arbeitgeber bezahlte. So waren mit der Zeit große Verschuldungen entstanden, die nie abgezahlt werden konnten. Solange ein Arbeiter verschuldet war, ließ man ihn nicht nach Indien zurückkehren oder nur, wenn er zur Sicherheit seine Familie zurückließ.

Das indische Gesetz über Auswanderung „E m i g r a t i o n A c t VII o f 1922" verbietet jegliche Auswanderung ungelernter Arbeiter und Kontraktarbeiter mit Ausnahme derjenigen nach Ceylon und Britisch-Malaya.

In Ceylon gelten die Bestimmungen der Arbeitsverordnung Nr. I von 1923. Danach geht die Werbung und Auswanderung folgendermaßen vor sich: Eine Überwachung wird sowohl seitens der indischen wie der ceylonischen Regierung ausgeübt. Zu diesem Zwecke sind eine Reihe von Beamten eingesetzt. In Mandapam hat ein Agent der Regierung von Madras seinen Sitz, dessen Aufgabe im Schutz der Auswanderer besteht. Die ceylonische Regierung unterhält in Trichinopoly einen Auswanderungskommissar, dem in verschiedenen Bezirken Unterkommissare unterstellt sind. Weiter gibt es in Mandapam und Tataparai Quarantainestationen. In Ceylon hat die Regierung von Madras ihren Agenten, den „Controller of Indian Immigrant Labour", der mit seinem Büro in Kandy seinen Sitz hat. Ceylon hat eine besondere Ministerialabteilung für eingewanderte indische Arbeiter „Indian Immigrant Labour", die diese nach ihrer Landung auf der Insel betreut. Diese Behörde verwaltet auch den „Immigration Fund", der alle Unkosten deckt, die durch Anwerbung und Transport der Arbeiter entstehen. Der Fond erhält seine Mittel durch Umlage von allen Plantagen, die Inder beschäftigen, außerdem gibt die Regierung jährlich einen Zuschuß in Höhe von 100 000 Rupien = 153 000 Mk. Jeder indische Kuli soll schuldenfrei seine Arbeit auf einer Plantage in Ceylon beginnen. Diejenigen Einwanderer, deren Reise durch den „Immigration Fund" bezahlt wird, nennt man „assisted immigrants".

Nun zur Werbung selbst. Derjenige Arbeitgeber, der einen Kangani ausschicken will, stellt bei dem Leiter des Amtes für „Indian immigrant labour" einen Antrag für eine Werbelizenz, ohne die kein Kangani tätig sein kann. Nachdem an alle Stellen, die mit der Wanderbewegung zwischen Ceylon und Indien etwas zu tun haben, eine entsprechende Benachrichtigung ergangen ist, darf der Werber sich nach Indien begeben, wo er die Lizenz ausgehändigt bekommt, die ihm das Recht gibt, im Laufe eines Jahres 20 Arbeiter anzuwerben. Die Namen der Angeworbenen hat er auf der Rückseite der Lizenz einzutragen. Der Dorfvorsteher des Heimatdorfes muß eine Erklärung darüber abgeben, ob gegen die Auswanderung von behördlicher Seite etwas einzuwenden ist. Hierdurch soll verhindert werden, daß solche Personen, die sich irgendeines Vergehens schuldig gemacht haben, Ceylon als Zufluchtsort in Anspruch nehmen. Nachdem der Werber sich mit seinen Leuten bei der Bezirksagentur gemeldet hat, wird er von hier nach Trichinopoly geschickt, wo die Angeworbenen auf ihre körperliche Eignung hin untersucht werden und wo nachgeprüft wird, ob sie wirklich bereit sind, nach Ceylon auf eine Pflanzung zu gehen, und nicht von dem Werber dazu gezwungen worden sind. Darauf kommen sie in eines der Quarantainelager, wo sie sowohl von indischen wie ceylonischen Beamten noch einmal untersucht werden. Erst dann können sie sich nach Ceylon begeben. Während der ganzen Zeit hat jeder die Möglichkeit, seinen Entschluß zu widerrufen, auch kann er von seinen Angehörigen zurückgefordert werden. Das Ziel dieser ganzen Maßnahmen ist ein zweifaches. Einmal will man nur gesunde, für die Pflanzungsarbeit taugliche Arbeiter den Plantagen zuschicken, auf der anderen Seite will man den Arbeitern helfen, sie schützen und vor Enttäuschungen bewahren.

Wie schon erwähnt, darf nur in der Präsidentschaft Madras für Ceylon geworben werden. Madras ist für die Zwecke der Arbeiterwerbung in vier Kreise (circles) eingeteilt:

1. Der Trichinopoly-Kreis, der Trichinopoly, mit Ausnahme von Karur Taluk, und Tanjore umfaßt. Er hat eine Größe von 19 261 qkm und 3 978 000 Einwohner.
2. Der Vellore-Kreis mit der Stadt Madras und die Distrikte Chingleput, Nord- und Südarcot, Chittor, Anantapur, Bellary, Cudopah, Ganjam, Godavari, Guntur, Kistna, Kurnool, Nellore und Vizagapatam. Im ganzen ein Gebiet von 195 195 qkm und 22 152 000 Einwohnern.
3. Der Salem - Kreis, der den Karur Taluk-Distrikt, Salem, Coimbatore, Malabar, Südkanara und Nilgiris einschließt. Ein Gebiet von 66 218 qkm und 9 055 000 Menschen.
4. Der Madura-Kreis, der die Distrikte Madura, Ramnad und Tinnevelly enthält mit 36 440 qkm und 5 630 000 Menschen [15]).

Der Vellore- und Salemkreis sind größtenteils von Telugus bewohnt, die nur selten als Arbeiter nach Ceylon gehen. Die überwiegende Zahl der Kulis auf den Pflanzungen stammt aus den Distrikten Salem, Trichinopoly, Tanjore, Madura, Ramnad und Tinnevelly, also denjenigen, die Ceylon am nächsten liegen und die mit die höchsten Dichten in der Provinz aufweisen. Schlägt man um Trichinopoly einen Kreis mit einem Radius von 50 engl. Meilen, so hat man die bedeutendsten Quellgebiete eingeschlossen, aus denen sich ein dauernder Strom von Arbeitern nach Ceylon ergießt.

2. Der Weg des Einwanderstromes.

Im Laufe der hundertjährigen Geschichte der Wanderung indischer Arbeiter nach Ceylon haben sowohl der Weg, wie die Art der Beförderung verschiedentlich gewechselt.

Bis 1880 etwa kamen die Arbeiter größtenteils als Saisonarbeiter. Zweimal im Jahre, im Frühjahr und im Herbst, setzten sich tausende Kulis in Bewegung, um auf den Kaffeeplantagen zu arbeiten. Sie waren im wahrsten Sinne des Wortes „Wanderarbeiter“, denn mit Ausnahme der Überquerung der Palkstraße legten sie die ganze Strecke zu Fuß zurück. Zunächst zogen sie von ihrem Heimatdorfe zu dem nächsten Hafen, meist Pamben, und setzten dann nach der Landung an der Nordwestküste, z. B. in Mannar oder Pesalai, ihren Marsch auf der großen Nordstraße, „the great northern road“, nach Matale und Kandy und von da in die Plantagendistrikte fort. Das war eine große Leistung für Menschen, deren Gesundheit durch Entbehrungen geschwächt war. Nach und nach wurde die Straße ausgebaut. Auf der 225 km langen Strecke von Talaimannar nach Matale wurden 20 Rasthäuser für Kulis errichtet. Da diese oft aus pestverseuchten Gegenden kamen, wurde Nordceylon immer wieder von dieser Geißel

[15]) Nr. 80: Times in Ceylon oder Nr. 74: Report 1929.

heimgesucht, sodaß die Regierung sich gezwungen sah, Maßregeln zur Verhütung des Einschleppens von Seuchen zu treffen. Man errichtete Krankenhäuser in Mannar und an der Heerstraße, im ganzen 6 an der Zahl und stellte die Einwanderung unter ärztliche Kontrolle.

Im Jahre 1899 wurde die erste regelmäßige Dampferverbindung zwischen Tuticorin und Colombo eingerichtet, die sehr bald den Verkehr von der großen Heerstraße Kandy—Mannar ablenkte. Dazu trugen auch die Quarantainestationen bei. 1898 wurde in Tataparai bei Tuticorin ein solches Lager eröffnet, das sowohl Arbeiter wie auch andere Reisende aufnehmen sollte. Später schickte man die Arbeiter weiter nach Ragama bei Colombo in Quarantaine, während die anderen Reisenden 6 Tage in Tataparai bleiben mußten. Weitere Stationen befanden sich in Ammapatam, Tondi und Pamben.

März 1914 kam die zweite große Umstellung mit der Eröffnung der Eisenbahnverbindung Indien—Ceylon, die nur durch die 22 km breite Palkstraße eine Unterbrechung erfährt. Seit diesem Zeitpunkte landen die Kulis wieder auf der Insel Mannar und sind in wenigen Stunden in Kandy. 1914 wurde auch die Quarantainestation Mandapam eröffnet und seit 1917 darf die Kulieinwanderung nur über Mandapam erfolgen, nicht aber über Tuticorin, denn diese Route wird ausschließlich für den übrigen Reiseverkehr freigehalten. Die Hauptverbindungen zwischen Südindien und Ceylon sind heute:

1) Tuticorin—Colombo,
2) Mandapam—Dhanoshkodi—Talaimannar.

3. Die Größe der Arbeiterwanderung zwischen Indien und Ceylon.

Wir besitzen eine ziemlich genaue Statistik der Wanderbewegung zwischen Indien und Ceylon seit 1843, also über eine Zeitspanne von 90 Jahren, was sonst in Südostasien nicht der Fall ist.

Tabelle II bringt ausführliche Angaben über die Größe der Ein- und Auswanderung von indischen Arbeitern für Ceylon. Im ganzen haben wir ein buntes Auf und Ab, aus dem wir die große Linie der Wirtschaftsgeschichte Ceylons ablesen können.

1845 bedeutet einen Höhepunkt in der Ausbreitung der Kaffeekultur, die durch eine Finanzkrise unterbrochen wurde. Daher findet man in den folgenden Jahren ein Zurückgehen der Einwanderung. Von 1851 bis 1878 stellen wir, abgesehen von kleineren und größeren Jahresschwankungen, eine steigende Einwanderung fest. Die außerordentlich hohen Einwanderungsziffern der Jahre 1876—77 wurden durch eine große Hungersnot in der Präsidentschaft Madras bedingt. Das starke Fallen der Einwanderung in den Jahren 1878—1880 findet seine Begründung in der Katastrophe, die über den Kaffee kam. In den Jahren 1880—85 stellten sich die Pflanzer von Kaffee auf Chinarinde und Tee um.

Die Nachfrage nach Arbeitern hielt sich auf gleicher Höhe, um dann ab 1886 mit der Ausdehnung der Teeplantagen zu steigen. Für die Jahre 1890—1904 finden wir in den Statistiken ganz widersprechende Zahlenangaben. So liegen die Angaben Marjoribanks [16]) weit über denen der Statistical Tables [17]). Es ist nicht immer zu entscheiden, welches die richtigen Zahlen sind. In den Jahren 1905—30 schwankt die Größe der Einwanderung stark. Zunächst springt 1905 besonders hervor, das Anfangsjahr des Kautschukanbaues in großem Maßstabe. Was darüber hinaus die Größe der Bewegung beeinflußte, ist mir nicht bekannt. Ich vermute schlechte Ernten in Madras, da in den beiden folgenden Jahren die Zahlen beträchtlich sinken. Stark einschneidend wirken die Kriegsjahre, aber die niedrigste Einwanderung in der ganzen Zeit fällt in das Jahr 1921. das Jahr des Einsetzens einer starken Krise. In den folgenden Jahren belebt sich die Plantagenindustrie und mit ihr auch die Nachfrage nach Arbeitern. 1928 beginnt sich schon die große Weltwirtschaftskrise bemerkbar zu machen. Die Einwanderung nimmt von Jahr zu Jahr ab zugunsten der Rückwanderung, die mit Ausnahme der Krisenjahre dauernd kleiner ist als die in entgegengesetzter Richtung erfolgende Wanderbewegung. In Zeiten wirtschaftlicher Schwierigkeiten fluten die Arbeiter wieder in ihre Heimatdörfer nach Südindien zurück. Im ganzen entspricht die Größe der Rückwanderung derjenigen der Einwanderung. Wenn eine große Anzahl von Arbeitern die Plantagen verläßt, muß ein entsprechender Ersatz herangeschafft werden. Diese Beziehung wird nur in Ausnahmefällen gestört.

Folgende Übersicht gibt eine Vorstellung von der Größe der Einwanderung in verschiedenen Dekaden:

1871—1880	1 025 000
1881—1890	578 000
1891—1900	1 210 000
1901—1910	953 000
1911—1920	873 000
1921—1930	1 065 000 [18])

In der Zeit von 1843—1877 wanderten ein:

1 954 000	Männer
367 000	Frauen
120 000	Kinder
2 441 000	Personen [19]).

Über den Anteil der Geschlechter bei der Einwanderung ist zu sagen, daß von 1843—1877 die prozentuale Beteiligung der Männer 80,22% ausmachte, die der Frauen 14,81% und die der Kinder

[16]) Nr. 48: Marjoribank.
[17]) Nr. 63: Statistical Tables.
[18]) Nr. 69: Census 1921, Report S. 16 (1871—1920).
[19]) Nr. 71: Sessional Papers 1879.

4,96% [19]). In den letzten Jahren vor 1877 war der Anteil der Männer auf 75% zurückgegangen. Für die Zeit von 1878—1915 beträgt die Durchschnittszahl für Männer 73,45%, für Frauen 16,75% und für Kinder 9,8%. Seit 1905 belief sich der Anteil der Männer nur mehr auf 60%, der Frauen 22%, der Kinder auf 18%. Die Entwicklung geht also dahin, daß immer mehr Frauen und Kinder bei der Einwanderung beteiligt sind. Diese Tatsache ist sehr zu begrüßen, da dadurch eine ganze Reihe von Mißständen auf den Plantagen zurückgedrängt werden.

4. Die Verteilung der Einwanderung.

Die Zahlenreihen der Einwanderungsstatistik geben uns keinen Aufschluß über die Verteilung der Plantagenarbeiter auf die einzelnen Distrikte und Provinzen. Wir können wohl aus der Verbreitung der Plantagen, ihrer Häufigkeit in einem Bezirke und ihrem Bedarf an billigen landwirtschaftlichen Arbeitern Schlüsse auf die herrschenden Verhältnisse ziehen.

In den Zensusberichten wird uns aber ein willkommenes Hilfsmittel an die Hand gegeben.

Ceylons Gesamtbevölkerung betrug im Jahre

1911	4 106 350
1921	4 498 605
1931	5 306 871 Personen.

Man unterscheidet genau nach Rassen und Stämmen, z. B. Singhalesen, Ceylon-Tamilen, indische Tamilen usw. Die indischen Tamilen stellen einen ganz bedeutenden Prozentsatz von der Gesamtbevölkerung:

1911	530 980 oder 12,9%
1921	602 740 oder 13,4%.

Doch sind nicht alle indischen Tamilen auch in Indien geboren, sondern von Zensus zu Zensus steigt die Zahl der auf Plantagen oder sonst in Ceylon geborenen indischen Tamilen. Es betrug die Zahl der indischen Tamilen im Jahre 1921: 602 740 Personen, von denen in Ceylon 186 160 geboren waren. Das beweist, daß die Pflanzer in ihrem Bestreben, Familien zu einem Daueraufenthalt auf ihrer Pflanzung zu veranlassen, erfolgreich gewesen sind. Dadurch verringern sich die Betriebskosten. Es ist auch für den Arbeitsgang von Bedeutung, ob man dauernd neue Arbeiter anlernen muß oder ob man einen ganzen Stamm von alten, erprobten Arbeitern hat.

Die Plantagenarbeiterschaft ist seit 1871 in folgendem Umfange angewachsen:

Jahr	Zahl der Arbeiter	Zahl der Pl.
1871	123 000	996
1881	206 000	1758
1891	262 000	1471
1901	442 000	1857
1911	513 000	1833
1921	568 000	2367
1931	790 000	3288 [20]).

Der prozentuale Anteil der Plantagenbevölkerung an der Gesamtbevölkerung betrug bei den letzten drei Zählungen: 12,4%, 12,6% und 14,8%. Uns interessiert besonders, welcher Anteil den Indern unter den auf Pflanzungen lebenden Menschen zukommt. Es waren indische Tamilen:

Jahr	Inder		Anteil der Inder an der Pl.-Bevölkerung
1901	404 000	oder	91,4%
1911	457 000	oder	89,0%
1921	493 000	oder	86,8%
1931	693 000	oder	87,7%

Also sind fast 90% aller Arbeiter auf den Pflanzungen Ceylons Inder. Der schwache prozentuale Rückgang der Inder ist auf das Aufkommen des Kautschuk als Plantagenprodukt zurückzuführen, bei dessen Anbau ebenso wie bei dem der Kokosnuß Singhalesen zur Arbeit herangezogen werden. Die übrigen Inder arbeiten als Dienstboten, Hafenarbeiter, Handwerker und Händler. Man trifft sie vor allem an der Westküste in den Distrikten Colombo und Kalutara.

Wie sich die Plantagenarbeiter in Ceylon verteilen und welcher prozentuale Anteil an der Bevölkerung auf sie entfällt, zeigt für das Jahr 1911 folgende Zusammenstellung:

Plantagendistrikte	% Anteil der Pl.-Bevölk. an der Gesamtbevölk.
Nuwara Eliya	64,6%
Kandy	36,2%
Badulla	33,2%
Matale	28,8%
Kegalla	25,8%
Ratnapura	18,4%
Kalutara	11,0%

Die übrigen Bezirke an der Westküste, die viele Kokospflanzungen haben, bleiben unter 5%.

[20]) Nr. 69: Census 1921, Vol. I, Part .II, S. 186 (1871—1921).

1921 entfielen auf die vier Provinzen: Westprovinz 15,2%, Zentralprovinz 47,1%, Provinz Uva 13,7% und Provinz Sabaragamuva 16,3%, zusammen 92,3% aller Inder [21]). Ein Beweis für die Bedeutung der Inder im Wirtschaftsleben, denn diese genannten Provinzen besitzen sämtliche Plantagen der Insel.

Ganz regelmäßig mit der Höhe nehmen die Pflanzungen und mit ihnen die aus Indien eingewanderten Tamilen zu, die teilweise einen sehr hohen Prozentsatz der Bevölkerung eines Distriktes stellen.

Distrikte	% Anteil der Inder an der Gesamtbevölk.
Kalutara	10,2
Colombo	18,9
Kegalla	20,2
Ratnapura	21,6
Badulla	33,3
Matale	30,3
Kandy	35,9
Nuwara Eliya	60,8 [22])

Interessant ist folgende Zahlenreihe, die sich auf Nuwara Eliya bezieht und die Größe von Plantagen- und übriger Bevölkerung nebeneinander zeigt.

Jahr	Pl.-Bevölk.	Übrige Bevölk.
1871	25 233	35 971
1881	56 225	42 985
1891	66 828	43 505
1901	103 564	50 043
1911	100 393	55 069
1921	104 962	62 200
1931	156 471	79 304 [23]).

Von 1871 bis 1931 hat sich die eingeborene Bevölkerung verdoppelt, die der Plantagen aber versechsfacht. Diese außerordentliche Vergrößerung der Arbeiterschaft ist nur möglich gewesen, weil die Pflanzer verhältnismäßig leicht dauernd neue Kräfte aus der Präsidentschaft Madras heranholen können.

Ceylon selbst würde aus eigenen Kräften niemals eine solche Plantagenindustrie haben aufbauen können; Kapital und Unternehmer kamen aus Europa. Die ebenso wichtigen Arbeiter aber stellte Indiens dicht besiedelte Provinz Madras.

---

[21]) Nr. 69: Census 1921, Table Nr. 451.
[22]) Nr. 69: Census 1921, Table Nr. 451.
[23]) Nr. 69: Census 1931. Report.

Nachdem wir die westliche Hälfte des südasiatischen Plantagengürtels betrachtet haben, wenden wir uns der östlichen Hälfte zu, von der nur Britisch-Malaya und Niederländisch-Indien in die Untersuchung einbezogen werden sollen.

Hier haben wir es nicht mehr mit so einheitlichen Verhältnissen bei der Lösung der Arbeiterbedarfsfrage zu tun wie westlich des Meerbusens von Bengalen, wo nur Inder als Arbeiter Verwendung finden. Wir kommen in das Überschneidungsgebiet der indischen, chinesischen und malayischen Kultur. In Parallelität dazu finden wir sowohl in Malaya wie in Niederländisch-Indien Chinesen, Javanen und Inder auf dem Arbeitsmarkt. Die meisten Arbeiter liefert hier China. Dem Untersuchungsgange entsprechend, soll zunächst China als Herkunftsgebiet eines großen Teiles der Arbeitermassen betrachtet werden.

Kap. V.

China als Herkunftsgebiet von Arbeitskräften.

Ritter ging als erster auf einen Teil der chinesischen Auswanderungsbewegung ein [1]. Ratzel unterzog die gesamte chinesische Auswanderung einer geographischen Untersuchung in seiner Studie „Die Chinesische Auswanderung. Ein Beitrag zur Cultur- und Handelsgeographie“ [2]. Zu erwähnen sind weiter die Schriften von Gottwaldt [3] und Ta Chen [4]. Die neueste Bearbeitung dieser Frage erschien Ende 1932 in der Reihe der Hamburger wirschafts- und sozialwissenschaftlichen Schriften und ist verfaßt von Mosolff [5]. Die letztgenannte Schrift nahm einen Teil der vorliegenden Arbeit vorweg, bot aber neues Material in der Frage nach der Lage der chinesischen Landbevölkerung und der Landwirtschaft.

Die Geschichte der chinesischen Auswanderung nach Übersee beginnt schon sehr früh, etwa im 5. Jahrhundert n. Chr. Der Chinese Ta Chen unterscheidet drei, sein Landsmann Fang Si Sun fünf Expansionsperioden des chinesischen Volkes bis zum Jahre 1800 [6]. In diesen Jahrhunderten kam es kaum zu Massenwanderungen, diese blieben dem 19. und 20. Jahrhundert vorbehalten. Die Auswanderung wurde nicht zu allen Zeiten von der chinesischen Regierung gern gesehen. 1718 erließ der Mandschu-Kaiser K'anghi ein Verbot jeglicher Auswanderung. 1728 kam ein Erlaß heraus, der besagte, daß alle diejenigen, die den Verordnungen des Jahres 1718 nicht Folge geleistet hätten, nun für immer verbannt sein sollten, und daß jeder, der trotzdem zurückkehre, mit dem Tode zu bestrafen sein [7]. Diese Bestimmungen sind in Südchina nie sonderlich beachtet worden.

In den dreißiger Jahren des vorigen Jahrhunderts setzte die sogenannte „Coolie emigration“, die bedeutendste aller Auswanderungswellen ein, die von Jahr zu Jahr einen größeren Umfang gewann, trotz der noch nicht widerrufenen Auswanderungsedikte, und die heute noch nicht ihr Ende gefunden hat. Mit der im Jahre

---

1) Nr. 95: Ritter, S. 787—810.
2) Nr. 86: Gottwaldt.
3) Nr. 93: Ratzel.
4) Nr. 104: Ta Chen.
5) Nr. 90: Mosolff.
6) Nr. 103: Fang Si Sun.
7) Nr. 86: Gottwaldt, S. 2.

1842 erfolgenden Öffnung des Hafens von Amoy durch den Vertrag von Nanking und der Entwicklung der nichtchinesischen Segelschiffahrt an der Küste, die für die Auswanderer ein bequemeres Beförderungsmittel als die einheimische Dschunke bot, erhielt die Auswanderung einen kräftigen Auftrieb. Der Anlaß zu dieser Auswanderung lag in dem Arbeiterbedarf der Pflanzungen und Bergwerke, wobei in den ersten Jahrzehnten auf die amerikanischen und westindischen Wirtschaftsgebiete ein beträchtlicher Prozentsatz der Auswanderer entfiel. Sehr viele Auswanderer wurden durch List und Betrug an Bord der Schiffe gebracht, die häufig in ganz unverantwortlicher Weise überfüllt waren und auf denen die sanitären Verhältnisse jeglicher Beschreibung spotteten. Die Umstände, unter denen die Kuliauswanderung sich vollzog, erinnerten zu stark an den Sklavenhandel, und sehr bald sprach man auch von „slave trade" in diesem Zusammenhange. Die portugiesische Kolonie Macao steht in dem Rufe, eine „hervorragende" Rolle bei diesem Handel gespielt zu haben. Durch eine Reihe von Gesetzen und Konventionen, denen die verschiedensten seefahrenden Nationen ihre Zustimmung gaben, wurden die schlimmsten Übelstände beseitigt. Das Auswanderungsverbot wurde theoretisch durch den Artikel V des zwischen England und China 1860 in Peking abgeschlossenen Vertrages aufgehoben [8]). Aber erst 1893 wurde durch kaiserliches Edikt allen im Auslande lebenden Chinesen die Rückkehr nach China gestattet [9]). Damit war die letzte gesetzliche Schranke, die schon lange ein Scheindasein geführt hatte, beseitigt. Der Vertrag von 1860 stellte den ersten Versuch dar, die Auswanderung von chinesischen Arbeitern „im Interesse der Entwicklung der Plantagenbetriebe und Bergwerke der Kolonialstaaten" vertraglich zu regeln. In der Folgezeit fehlt es an Ausführungsbestimmungen und Erlassen zur Regelung der Auswanderung durchaus nicht [10]).

a) Das südchinesische Auswanderungsgebiet.

Ratzel hat schon gezeigt, daß bei der chinesischen Auswanderung verschiedene Quellgebiete und Bewegungsrichtungen zu unterscheiden sind [11]). Diejenigen Chinesen, die nach der Mandschurei auswandern, kommen aus den nördlichen Provinzen Schantung und Tschili. Die Bewohner der südlichen Küstenprovinzen gehen nach Übersee, besonders nach Nan-Yang. Unter „Nan-Yang" verstehen der Chinese und Japaner das weite Küsten- und Inselgebiet, das bei Formosa und der Küste von Kwangtung beginnt und sich über die Philippinen, Siam, die Malakkahalbinsel, Niederländisch-Indien bis zur Nordküste von Australien erstreckt. Die Auswanderung in dieses Tropengebiet ist nur auf Kwang-

[8]) Engl. Fassung des Artikels bei Nr. 90: Mosolff, S. 164. Deutsche Übers. bei Nr. 86: Gottwaldt, S. 3—4.
[9]) China Review XXI, S. 138—141 und Nr. 90: Mosolff, S. 170—71.
[10]) Nr. 90: Mosolff, IV. Kap. Gesetze . . . , S. 162—181.
[11]) Nr. 93: Ratzel, S. 60—61.

tung, Fukien und die Randdistrikte der benachbarten Provinzen Kwangsi, Honan und Kiangsi beschränkt, weil die Bewohner dieser Provinzen allein imstande sind, das Tropenklima zu ertragen und dabei auch große Arbeitsleistungen zu vollbringen. Umgekehrt würde ein Bauer aus Kwangtung nie in der Lage sein, in der Mandschurei mit Erfolg zu siedeln. China hat infolge seiner riesigen Ausdehnung die Möglichkeit, für die verschiedensten Klimagebiete die geeigneten Menschen auszusenden, da es Anteil an den betreffenden oder ähnlichen Klimaten hat. Mit dieser Möglichkeit steht China ganz einzig da unter den kolonisierenden Völkern.

Der große Gegensatz Nordchina — Südchina hat auch im Zusammenhang mit der Auswanderung seine Bedeutung [12]). Der Norden Chinas ist das Gebiet einer großen Ebene mit randlichen Gebirgslandschaften, der Süden ist ein ausgedehntes Hügelland. Nordchina hat ein gemäßigtes Klima mit großen jahreszeitlichen Gegensätzen, in Südchina haben wir subtropisches Monsunklima, das langsam in tropisches Monsunklima übergeht. Die große Scheidewand bildet der Kuen-lun, von dem Richthofen sagt: „Die wichtigste geographische Rolle des östlichen Kuen-lun besteht darin, daß er der Teiler des Reiches ist. Er scheidet Nordchina und Südchina . . ." [13]). Der Gegensatz Nord — Süd zeigt sich auch im Charakter der Menschen und in deren Einstellung zur Auswanderung im allgemeinen und der nach Übersee im besonderen. Umgekehrt wie in Europa ist der Bewohner des Südens der unternehmungslustigere und wagemutigere Mensch. Die Küstenbewohner des Südens befahren seit vielen Jahrhunderten das Meer. Ihr Sinn ist nach außen gerichtet, im Gegensatz zum kulturstolzen Nordchinesen, von dem Schmitthenner sagt: „Die Auswanderung in die Randgebiete Chinas war für die Nordchinesen bis vor kurzem etwas, was sich in der tiefsten Bildungsschicht und an der Peripherie ihres Kulturreiches vollzog, trotz der unendlichen Bedeutung für dessen Ausbreitung und Erhaltung. Zudem geht die nordchinesische Auswanderung hauptsächlich über Land. In Südostchina spielt die Auswanderung eine viel größere Rolle und ging über See" [14]). Nordchina hat eine kontinentale Wanderbewegung, diejenige Südchinas ist maritim.

Wie ich schon sagte, sind nicht alle Provinzen Südchinas an der Auswanderung beteiligt, sondern nur die südöstlichen am Meere gelegenen: Kwangtung und Fukien, sowie kleine Teile der anstoßenden Provinzen. Von wirklicher Bedeutung sind nur die beiden Küstenprovinzen, die vom Binnenlande durch die von Richthofen so genannte „Axenkette" [15]) getrennt werden. In den

[12]) Nr. 99: Schmitthenner.
[13]) Nr. 94: Richthofen, Bd. II, S. 18.
[14]) Nr. 99: Schmitthenner, S. 133.
[15]) Nr. 94: Richthofen, Bd. III, S. 399—402. R. versteht unter „Axenkette" einen zentralen Kettenzug des südchinesischen Hügellandes in SW-NO-Streichrichtung, dem die anderen Ketten parallel zugeordnet sind.

beiden durch die Axenkette abgesonderten Provinzen wird das Mandarinchinesische von dem einfachen Manne nicht verstanden, vielmehr finden wir eine Vielzahl von Dialekten, die stark voneinander abweichen [16]). Richthofen führt das auf das Relief zurück. Die Sprachgrenze fällt mit der Axenkette zusammen. Die Küstenprovinzen werden durch eine Reihe von Flüssen gegliedert. Die einzelnen Täler und Tallandschaften sind gegeneinander abgeschlossen. Diese Abgeschlossenheit zeigt sich in der Verteilung der verschiedenen Dialekte.

Die Bevölkerung Kwangtungs zerfällt, abgesehen von den kleinen Resten von Miautze-Völkern, die in Rückzugsstellung im Innern des Berglandes leben, in drei große Stämme:

1) Punti oder Cantonesen,
2) Hakka,
3) Hoklo.

Das Wort Punti bedeutet soviel wie Eingeborene. Die Punti bewohnen das Deltaland der Flüsse Hsi-, Pei- und Tung-kiang und den ganzen Westen der Provinz. Die Hakka oder „Fremdlinge", wie der Name zu übersetzen ist, saßen nach Eitel im 3. Jahrhundert v. Chr. im Süden und Westen der Provinz Schantung, von wo sie vertrieben wurden [17]). Nach anderen wurden sie verpflanzt. Im Laufe der Jahrhunderte sind sie langsam südwärts gezogen und wanderten zu Beginn der Mingdynastie, also nach 1368 n. Chr. von Kiangsi und Fukien her in Kwangtung ein. Sie bewohnen vor allem das Bergland zwischen Pei- und Tung-kiang, aus dem sie in dauerndem Kampfe die Punti verdrängt haben. Das Zentrum ihrer Verbreitung liegt in der Präfektur Kia-ying. Seit langer Zeit dringen sie allmählich zum Meere vor, und wir finden sie heute in großer Zahl in Küstenstädten wie Canton, Hsin-an und Tung-kwan. Die Hoklos gehören ihrer Herkunft nach in die Provinz Fukien. Das Wort wird mit „Mann aus Fukien" übersetzt. Sie überwiegen im Südosten in der Präfektur Tschau-tschou-fu. Anschließend gehört ihnen das Land zwischen der Küste und dem Ostflusse bis etwa zu dessen Mündung.

Für die Provinz Fukien fanden sich keine Unterlagen für eine Gliederung nach Stämmen und Dialekten. Wir wissen nur allgemein, daß es verschiedene Dialekte gibt, die starke Unterschiede aufweisen.

Auf die Verteilung der Stämme einzugehen, war notwendig, weil die Auswanderer im Auslande nach ihrer Stammeszugehörigkeit und ihrer Sprache gegliedert werden.

b) Bevölkerungsdichte und Expansionsdrang in Kwangtung und Fukien.

Die Provinz Kwangtung hat 259 000 qkm mit 36 773 000 Bewohnern, in ihrer Gesamtheit eine Dichte von 142. Fukien be-

[16]) Siehe Kärtchen der Dialekte bei Nr. 96: Roxby, S. 22 oder Nr. 106: Wegener, S. 140.
[17]) Nr. 84: Eitel, S. 263.

sitzt 120 000 qkm mit 14 329 000 Menschen [18]). Die Dichte beträgt hier 119 pro qkm. Diese Zahlen besagen wenig über die wirklichen Verhältnisse, da sich die Bevölkerung in den Ebenen und Flußtälern stark zusammendrängt, während das Berg- und Hügelland des Innern sehr dünn bevölkert ist. Recht anschaulich sind die Dichtekarten der beiden Provinzen, die in dem Werke „The Christian Occupation of China" (S. 60 und 158) und in einem Aufsatz von Roxby veröffentlicht sind [19]).

In Kwangtung liegt das größte Dichtegebiet in der Ebene von Canton, die von den drei Flüssen Hsi-, Pei- und Tung-kiang aufgebaut ist. Ein zweites Dichtezentrum liegt in Nordkwangtung zu beiden Seiten des Han-kiang. Alles übrige ist weit dünner besiedelt. Nur 7% der Provinz sind fruchtbares Ackerland. Dabei sind etwa 80% der Bevölkerung in der Landwirtschaft tätig. Nach Mosolff kommen daher auf jeden Quadratkilometer Ackerland 1337 Personen [20]). Das ist nur möglich infolge des ungeheuren Fleißes, der großen Genügsamkeit des chinesischen Bauern und der zweifachen und vereinzelt dreifachen Ernte im Laufe eines Jahres. Für Fukien gibt es auch in dieser Frage keine Einzeluntersuchungen. Die genannte Dichtekarte zeigt, daß hier wie in Kwangtung die Flußebenen den Wohnraum für den größten Teil der Bevölkerung abgeben müssen, da ein sehr großer Teil der Provinz spärlich besiedeltes Gebirgsland ist. Der Küste entlang von Amoy, Tschang-tschou oder Tsüen-tschou bis nach Futschau haben wir eine Verdichtung, die sich auf einen schmalen Streifen beschränkt. Nur am Min-kiang zieht sie sich auch noch den Fluß entlang ins Innere.

Ebenso wie in anderen Teilen Chinas ist auch in den Küstenprovinzen die Landwirtschaft die Grundlage der Wirtschaft. Wie ist nun die Lage der landwirtschaftlichen Bevölkerung? Entsprechend der außerordentlich hohen, einzig dastehenden Dichte ist der Lebenskampf, den der Einzelne zu führen hat, sehr hart. Hinzu kommen häufige Naturkatastrophen und Bürgerkriege, die eine ausreichende Ernährung der Bevölkerung sehr schnell in Frage stellen. In den letzten Jahren ist eine revolutionäre Bauernbewegung entstanden, deren Forderungen uns auf die Schäden aufmerksam machen, unter denen die Bauern zu leiden haben. In Kwangtung wird gefordert:

1) Herabsetzung der Pacht um 20%,
2) Verbot von Wucherzinsen, 20% als höchstzulässige Zinsrate für das Jahr,
3) Verbot der Einziehung der Pacht im voraus,
4) Verbot, die Grundsteuern im voraus zu erheben,
5) Beseitigung des Systems der Pachtagenten [21]).

---

[18]) Nach den Schätzungen der chinesischen Postbehörde im Jahre 1929.
[19]) Nr. 96: Roxby, S. 9 und 12.
[20]) Nr. 90: Mosolff, S. 13.
[21]) Nr. 90: Mosolff, S. 19.

Die Landbevölkerung Kwangtungs beläuft sich nach einer Schätzung im „Chinese Economical Journal“ [22]) auf 12,5 Millionen, von denen nur 1 Million Bauern mit Eigenbesitz, 8,75 Millionen Pächter und Teilpächter sind und 2,75 Millionen sonstige Bauern, worunter vielleicht Tagelöhner und Landarbeiter verstanden sind. Nach dieser Berechnung sind also 70% aller Bauern Pächter und nur 8% freie Bauern. Dieses Mißverhältnis zwischen abhängigen und unabhängigen Landwirten ist die Folge der dauernden Zerteilung des Grundbesitzes infolge des Erbrechts, was bei der starken Bevölkerungszunahme zu geradezu unmöglichen Verhältnissen führen mußte [23]). Die Zerteilung geht schließlich soweit, daß ein Familienbesitz nicht mehr zu deren Ernährung ausreicht, trotz der allerintensivsten Bewirtschaftung durch die Wirtschaftsform des Gartenbaues.. Das Unterschreiten einer bestimmten Grenze führt zu Verarmung und Verschuldung. Eine ganz ähnliche Lage stellten wir in Südindien fest.

Der in Not geratene Bauer wendet sich an Kaufleute, Händler oder andere Geldgeber, in deren Händen sich der Boden nach und nach zusammenballt, ein Vorgang, der im Gegensatz zur Bodenbesitzkonzentration von „einer fortschreitenden Zersplitterung und Verkleinerung der Bodenbenutzung begleitet ist“ [24]). Da die Geldgeber in den meisten Fällen wucherische Zinsen [25]) und sehr hohe Pachtsätze verlangen [26]), so erklärt sich daraus das große Elend, unter dem ein großer Teil der Landbevölkerung leidet. Wenn Familien auch bei größter Anspruchslosigkeit und angestrengtester Arbeit aller Mitglieder von dem Ertrage der bewirtschafteten Fläche nicht mehr leben können, bleibt nurmehr die Abwanderung in die Stadt oder die Auswanderung ins Ausland für die erwachsenen männlichen Mitglieder übrig.

Die ausgeprägte Seßhaftigkeit und das starre Festhalten an den Betriebsformen verschärft die prekäre Lage. Kwangtungs und Fukiens Bauern treiben vor allem Bewässerungskultur. Da sich aber nur ebene Flächen und sanfte Hänge dafür eignen, bleiben „große zusammenhängende Flächen, die unsere Landwirtschaft bebauen würde, brach liegen“ [27]). Sie werden nur dort in die Wirtschaftsfläche einbezogen, wo Tee und Maulbeere angebaut werden [27]). Infolge der Konkurrenz des indischen und javanischen Tees ist aber der Anbau von Tee in China stark zurückgegangen, was z. B. in Fukien erhebliche Schwierigkeiten bei den Teebauern verursacht hat [28]). Bei einer Umstellung von

[22]) Chinese Economical Journal 1928, Nr. 4, zitiert nach Nr. 90: Mosolff, S. 68—69.

[23]) Über Erbfolge siehe Nr. 90: Mosolff, S. 24; Nr. 93: Ratzel, S. 26—27 und Nr. 88: Liu, S. 40 ff.

[24]) Nr. 90: Mosolff, S. 47.

[25]) Nr. 90: Mosolff, S. 97—103.

[26]) Nr. 90: Mosolff, S. 76—84.

[27]) Nr. 98: Schmitthenner, S. 509.

[28]) Nr. 82: Buxton, S. 242—43 und Nr. 101: Schumacher, S. 758, und Nr. 91: Otte, S. 39—40.

Bewässerungskultur zur Trockenkultur würde nach der Meinung von Schmitthenner ein großer Teil derjenigen, die heute auswandern, dazu nicht gezwungen sein, da genügend Land im Innern zur Verfügung steht [29]).

Man kann daher sagen, so widerspruchsvoll es auch klingt, daß die Seßhaftigkeit und das starre Festhalten der Bauern an dem Überkommenen die Wanderung ins Ausland fördert, denn die beiden Eigenschaften verhindern eine innere Kolonisation. Die Bauern bleiben so lange auf der Scholle, bis sie sich nicht mehr halten können. Es bleibt ihnen dann nur das Auswandern übrig, wenn es ihnen nicht gelingt, in einer der Städte Arbeit zu finden. Es ist nicht das Abenteuer, der Reiz des Unbekannten, der die Bauern zum Verlassen der heimatlichen Scholle bringt, sondern die Not und die Sorgen.

Wir haben in Kwangtung noch überwiegend die Institution der Großfamilie und des Klans. Verheiratete Söhne bleiben mit ihrer Familie bei den Eltern, arbeiten im elterlichen Betriebe. Familien desselben Namens sind im Klan zusammengeschlossen [30]). Die Ältesten der einzelnen Familien bilden den Klanrat. Hier wird über alles beraten, was die Gemeinschaft betrifft. In Zeiten wirtschaftlicher Nöte wird im Klanrat darüber entschieden, wer und wieviele von den jüngeren männlichen Mitgliedern entweder in die Küstenstädte oder nach Nan-Yang gehen sollen, um so die Familien zu entlasten und durch Geldsendungen zu unterstützen. Ja, häufig ist es so, daß man die jungen Leute zu den Häfen begleitet, um gleich schon das Handgeld, das jeder bei der Anwerbung durch einen Agenten erhält, in Empfang zu nehmen. Das Familiensystem gibt den Auswanderern einen sehr starken Rückhalt. Häufig werden die Auswanderer im Auslande von Klanmitgliedern beraten, unterstützt und mit den neuen Verhältnissen vertraut gemacht.

Die Klane verhalten sich von jeher der Auswanderung von Frauen gegenüber sehr ablehnend aus der richtigen Erkenntnis, daß in Fällen, in denen Frauen die Auswanderer begleiten, diese für die Familien verloren sind. Das dauernde Fernbleiben von der Heimat ist aber mit den religiösen Vorstellungen unvereinbar. Ahnenverehrung und der ganze Aufbau der Familie verlangen von Zeit zu Zeit eine Rückkehr der Familienmitglieder. Daher kann man nur in wenigen Fällen beim Chinesen von einer Auswanderung in unserem Sinne sprechen. Die wenigsten denken daran, sich dauernd im Auslande niederzulassen.

Wie schon gesagt, sind wirtschaftliche Schwierigkeiten stets der Grund für die Auswanderung. Diese können durch die verschiedensten Ereignisse hervorgerufen werden: Überschwemmungen, Trockenheiten, schlechte Ernten, Bürgerkriege und räuberische Überfälle von Banditen. Sie treten zu hohen Steuern, Pacht- und Zinssätzen und verursachen die Not, die zunächst zu

---

[29]) Nr. 98: Schmitthenner, S. 511.
[30]) Weiteres über den Klan bei Nr. 102: Su Sing Ging.

einem „massenhaften Abwandern der chinesischen Landbevölkerung“ in die Städte führt. „Die Industriebevölkerung der chinesischen Küstenbevölkerung ist eine unbestimmte, entwurzelte Masse, die der Hunger von der Scholle getrieben hat“ [31]). Da aber die junge Industrie nur einen begrenzten Teil der Menschen beschäftigen kann, die die wirtschaftlichen Verhältnisse vom Lande vertreiben, sammelt sich in den Städten ein zahlreiches Proletariat an, das auf Arbeit lauert. Ein großer Teil dieser Menschen entschließt sich dorthin zu gehen, wo er Beschäftigung und gute Löhne findet. Das ist das Ausland, und zwar war es bis gegen Ende des vorigen Jahrhunderts die Umrahmung des pazifischen Ozeans, Canada, U.S., Australien . . . Doch hat sich die Zahl der Länder verringert, die heute Chinesen aufnehmen. Nun liegen die Zielländer rund um das südchinesische Meer, zu denen die beiden Küstenprovinzen eine denkbar günstige geographische Lage haben. Nan-Yang erscheint dem armen Bauern und Kuli wie ein El Dorado. Von jeher tragen die Geldsummen, die die im Auslande sich Aufhaltenden jährlich ihren Angehörigen schikken, nicht wenig dazu bei, auch andere in die Ferne zu locken.

Auf der anderen Seite wächst in den Bedarfsgebieten die Nachfrage nach menschlichen Arbeitskräften stetig, solange nicht eine Krise, wie die augenblickliche, die europäischen Unternehmer zwingt, ihre Plantagen einzuschränken oder zu schließen und ihre Bergwerke stillzulegen. In solchen Zeiten strömen die brotlos gewordenen Arbeiter zu Tausenden wieder in ihre Heimat zurück.

Die Auswandererströme haben bestimmte Ausgangspunkte. Es sind dies in der Provinz Kwangtung die Häfen Hong-kong (Canton), Swatau und Hoihow auf der Insel Hainan, und in Fukien der Hafen Amoy. Auf die Einzelheiten bei der Auswanderung soll später eingegangen werden. Die Zusammensetzung der Auswanderer hängt von dem Ziel ab. Die nach Siam, Französisch-Indochina, die Philippinen oder Burma gehenden Chinesen haben in den meisten Fällen andere Pläne, Beschäftigungs- und Betätigungsmöglichkeiten als die große Masse ihrer Landsleute, die nach Britisch-Malaya, Ostsumatra oder Banka und Billiton auswandert. Die drei letztgenannten Gebiete bieten in ihren Hauptindustrien, dem Bergbau und den Plantagen, eine riesige Zahl von Arbeitsplätzen und gute Verdienstmöglichkeiten.

---

[31]) Nr. 90: Mosolff, S. 133.

Kap. VI.

Britisch-Malaya als Arbeiterbedarfsgebiet.

Unter Britisch-Malaya verstehen wir den englischen Kolonialbesitz auf der Malakkahalbinsel, sowie einige benachbarte Inseln. Es setzt sich zusammen aus den Straits Settlements: Singapore mit den Kokos- und Weihnachtsinseln, Penang, Malakka, Dindings und der Insel Labuan, den „Federated Malay States" Perak, Selangor, Negri Sembilan und Pahang; den „Unfederated Malay States" Kedah, Perlis, Kelantan, Trengganu und Johore.

Karte I.

Britisch-Malaya.

a. Distrikte. b. Staaten.

Malaya ist in der verschiedensten Hinsicht einer der interessantesten Teile Südostasiens. Einmal wegen seiner außerordentlich schnellen wirtschaftlichen Entwicklung innerhalb der letzten 50 Jahre, zum anderen wegen seiner Bevölkerungsverhältnisse. Es ist zum Treffpunkt der verschiedensten Völker geworden, die hier in gemeinsamer, einander ergänzender Arbeit im Dienste der Weltwirtschaft stehen: zähe, fleißige, energievolle und unternehmungsfreudige Chinesen, Europäer aller Nationalitäten mit starken Kapitalreserven, modernen Maschinen, Abbau- und Anbaumethoden, arbeitsame Inder und Javanen, die rühriger sind als die ihnen verwandten Malaien Malakkas.

Wie bunt die Bevölkerung Britisch-Malayas ist, ersieht man aus dem Zensus von 1931. Es entfallen auf:

Malaien	1 644 200	37,5%
„Malaysians" [1])	317 800	7,2%
Chinesen	1 709 400	39,0%
Inder	624 000	14,2%
Europäer	17 800	0,4%
Eurasier	16 000	0,4%
Andere	56 000	1,3%
	4 385 200	100,0%

Im Rahmen dieser Arbeit wendet sich die besondere Aufmerksamkeit den Chinesen und Indern zu, die zusammen alle anderen Gruppen zahlenmäßig übertreffen. Um die Bedeutung der Chinesen und Inder charakterisieren zu können, muß zunächst kurz auf das Wirtschaftsleben Britisch-Malayas und seine Entwicklung eingegangen werden.

a) Die Wirtschaft Britisch-Malayas.

Bei einer Betrachtung der Karte Britisch-Malayas drängt sich sofort der Gegensatz West- und Ost-Malaya auf. Der wirtschaftliche Schwerpunkt der Kolonie liegt auf der West- und Südwestseite. Die Gründe dafür sind bei den natürlichen Verhältnissen zu suchen. Vor allem muß man auf die Verschiedenheit der Küsten hinweisen. Die Ostküste ist arm an Häfen, ausgesprochen verkehrsfeindlich und unzugänglich zur Zeit des Nordostmonsuns. Die Westküste besitzt eine Reihe von guten Häfen. Die einmündenden Flüsse sind z. T. bis weit ins Innere der Halbinsel hinein schiffbar, sie bilden wichtige Verkehrswege, denen die Erschließung der Halbinsel folgte. Im Gegensatz dazu sind die Flüsse auf der Ostseite fast alle in ihren Mündungen durch Sandmassen abgeriegelt, die der Nordostmonsun zusammentreibt.

Vor größter Bedeutung ist die Lage des Zinnerzes. Der Zinnbergbau spielt sowohl bei der Bildung der „Einheit" Britisch-Ma-

[1]) Unter „Malaysians" werden Angehörige der malaiischen Rasse verstanden, die nicht Bürger Brit. Malayas sind, sondern eingewandert.

layas, wie bei der wirtschaftlichen Erschließung und Entwicklung des Landes eine ganz hervorragende Rolle. Die wichtigsten Zinnlager befinden sich auf der westlichen Hälfte der Halbinsel, sie begleiten den etwa NS verlaufenden Hauptgebirgszug, der aus Granit besteht. Primär lag das Zinnerz verteilt in dem stark der Verwitterung und Abtragung ausgesetzten Granit. Es wurde in die Täler zusammengetragen und reicherte sich zu riesigen Lagern in nächster Nähe der Granitzüge an. Damit ist der Standort des Zinnbergbaues gegeben. Die Verbündeten Malaienstaaten besitzen nahezu sämtliche wichtigen Zinnvorkommen. In Perak sind es die Distrikte Larut, Kinta und Batang Padang, in Selangor: Kuala Lumpur und Ula Selangor, im Staate Negri Sembilan ist es der Distrikt Seremban (siehe Karte I).

Der Träger des Bergbaues auf der Malakkahalbinsel ist von jeher der Chinese. Nach Ta Chen entdeckten chinesische Händler im 15. Jahrhundert die ersten alluvialen Zinnlager [2]). Seitdem bauen die Chinesen im Tagebau das Zinnerz ab. Der Umfang der Förderung war aber bis zu Ende der zweiten Hälfte des letzten Jahrhunderts kein allzu großer. Das lag vor allem an den primitiven Abbaumethoden. Die dauernden Streitigkeiten der einzelnen chinesischen Gruppen und der Despotismus der malaiischen Fürsten trugen auch das Ihrige dazu bei. Sie waren der Anlaß für die englische Regierung einzugreifen. Seitdem die einzelnen Staaten unter englischen Einfluß gekommen sind, hat der Bergbau sehr stark zugenommen [3]).

Europäisches Kapital kommt erst in den neunziger Jahren, nachdem schon ein Großteil der Bergbaugebiete erschlossen war. Nun beginnt eine neue Aera. Man verwendet moderne Maschinen in den Gruben, vor allen Dingen zunächst Pumpen. Es folgen Förderungsanlagen. Während die europäischen Unternehmer in steigendem Maße menschenersetzende Maschinen verwenden, bleiben die Chinesen noch lange bei ihren alten Methoden und arbeiten mit einem riesigen Aufwand von Arbeitskräften. Ab 1910 beginnen die ersten chinesischen Betriebe ebenfalls moderne Pumpen und Förderungsanlagen zu benutzen. Das Eindringen des europäischen Kapitals hat an der Zusammensetzung der Arbeiterschaft in den Gruben nichts geändert. Der Chinese stellt bis auf einen geringen Prozentsatz die Arbeiterschaft. Sowohl Produktion wie Belegschaft haben während der Kriegs- und ersten Nachkriegsjahre eine bedeutende Verminderung erfahren. Die Zahl der verwendeten Pferdestärken hat zugenommen, und ab 1923 ist die steigende Produktion nicht eine Folge der Vergrößerung der Belegschaft, sondern ein Ergebnis der in gleichem Tempo erfolgenden Mechanisierung der Betriebe, die die Zahl der beschäftigten Arbeiter noch weiter heruntersinken läßt. Bei einem Vergleich der Jahre 1913 und 1930 kommen wir zu dem interessanten Ergebnis, daß eine um 28% gesteigerte Produktion mit

[2]) Nr. 104: Ta Chen, S. 89.
[3]) Nr. 109: Belfield, S. 53—54.

Hilfe von Maschinen gefördert werden kann bei einer Verminderung der Arbeitskraft um 68%. Die Bedeutung dieser Tatsache ist für die Arbeiterfrage in den Tropen und die damit verbundenen Wanderbewegungen nicht zu unterschätzen. Aber auch heute gibt es noch eine große Anzahl von kleinen chinesischen Betrieben, die ohne Maschinen arbeiten. Ende 1932 werden in Malaya 722 kleine Minen, die weniger als 50 Kulis beschäftigen und keine Maschinen verwenden, gegenüber 346 großen Zinnminen, die in den Händen von 28 Gesellschaften sind, gezählt [4]). Während 1920 noch 64% der Zinnproduktion Malayas in Betrieben gefördert wurden, die nur mit chinesischem Kapital arbeiteten, und 34% in europäischen Betrieben, sind 1931 schon die Rollen derartig vertauscht, daß 65% von europäischen Gruben und 35% von chinesischen gewonnen werden [5]).

Der Bergbau, der die Erschließung der malaiischen Halbinsel eingeleitet hat, ist seinerseits der bedeutendste Schrittmacher der Plantagenindustrie gewesen. Das Zinn bot in den ersten Jahrzehnten für die Verwaltung die Haupteinnahmequelle. Die dadurch einkommenden Steuern wurden größtenteils zur Anlage eines Verkehrsnetzes verwandt, das dringend notwendig war, um den Transport der Zinnausbeute möglichst leicht und billig zu gestalten. Diese Verkehrserschließung förderte das Wachstum des Bergbaues und schuf günstige Voraussetzungen für die Anlage von Plantagen, die sich zunächst längs der Straßen anordneten, die von der Küsten zu den Bergbaugebieten führten und die einzelnen Gruben untereinander verbanden. Heute ist neben der Straße noch die Eisenbahn als Wegweiser der Plantagen bei ihrer Durchdringung des Urwaldes hinzugekommen. Für eine Plantage ist es sehr wichtig, eine gute Verbindung mit der Küste und den Ausfuhrhäfen zu haben.

Neben der malaiischen Bevölkerung, die von jeher den Reisbau pflegt, sind die Chinesen die ersten Pflanzer gewesen. Sie bauten zunächst Tapioka, Gambir und Pfeffer an, Produkte, die den Boden sehr schnell aussaugen, und daher nach 3—4 Jahren weiterwandern müssen. Das erste wichtige Produkt der Europäer ist der Kaffee, dessen Anbau besonders in Selangor seit den Jahren 1885—90 von ehemaligen Ceylonpflanzern betrieben wurde. Allgemeine Bedeutung konnte er nicht erlangen, vor allem deshalb nicht, weil die Konkurrenz Brasiliens zu groß war. Dafür lieferte Brasilien eine andere Pflanze, die anspruchsloser als Kaffee ist und die in wenigen Jahren in weitgehendster Weise das wirtschaftliche Leben Malayas bestimmte, den Parakautschuk, Hevea brasiliensis, der 1877 den Weg nach Südostasien über die Kew Gardens fand. Es dauerte noch eine geraume Zeit, ehe die Bedeutung der Hevea von den Pflanzern voll erkannt wurde. Der Weltverbrauch an Kautschuk hielt sich noch in bescheidenen Grenzen. Die Entwicklung der Automobil- und Fahrradindustrie

---

4) Nr. 181: Ostasiatische Rundschau 1933, S. 276.
5) Nr. 168: Bulletin . . . to the Mining Industry 1931.

brachte erst die Änderung. Um 1895 begann man auf der Malakkahalbinsel mit dem Pflanzen von Hevea, und zwar zunächst als Zwischenprodukt auf den Kaffeepflanzungen Selangors. Bezeichnenderweise soll es ein Chinese gewesen sein, der als erster Hevea in der Absicht ihrer regulären Ausbeutung anpflanzte [6]). Aus dem Zwischenprodukt wurde sehr bald das Hauptprodukt, das den Kaffee verdrängte. Mit einer ungeheuren Schnelligkeit breiteten sich die Kautschukpflanzungen zunächst in küstennahen Distrikten der Staaten Perak, Selangor, Negri Sembilan und in den Settlements Malacca und Province Wellesley aus, um dann auch in den weiter binnenwärts gelegenen Teilen der Halbinsel ihren Einzug zu halten. Das Tempo der Entwicklung wird durch folgende Zahlenreihe veranschaulicht, welche die mit Hevea brasiliensis bepflanzte Fläche angibt:

Jahr	Heveafläche
1900	2 430 ha
1905	18 620 ha
1910	219 030 ha
1915	522 270 ha
1920	883 000 ha
1930	1 218 620 ha [7]).

Sehr bald nach dem Einsetzen des Boom beteiligte sich asiatisches Kapital an der Kautschukproduktion. Es entfallen 1922: 63 400 ha oder 7% der Gesamtfläche auf „asiatic estates over 100 acres". Daneben pflanzten in steigendem Maße Eingeborene in Klein- und Mittelbetrieben Hevea an. Der „Eingeborenenkautschuk" ist in Britisch-Malaya sowohl wie in Niederländisch-Indien zu einer Großmacht geworden, die dem „Plantagenkautschuk" auf dem Weltmarkt die größten Schwierigkeiten bereitet. Die Klein- und Mittelbetriebe der Eingeborenen sind den Großbetrieben gegenüber insofern in einer günstigen Lage, als sie sich außerordentlich leicht dem Weltmarkt anpassen können. In den Kleinbetrieben arbeiten nur Familienmitglieder, in den Mittelbetrieben finden wir daneben auch eine geringe Anzahl von Lohnarbeitern.

Folgende Zusammenstellung zeigt die Besitzverhältnisse für die Jahre 1922 und 1930:

1922	Heveaanbaufläche
Europäischer Besitz	490 000 ha = 54,3%
Asiatischer Besitz	411 000 ha = 45,7%
Gesamtfläche	901 000 ha = 100,0%
Über 100 acres	528 000 ha = 58,5%
Unter 100 acres	373 000 ha = 41,5%
Gesamtfläche	901 000 ha = 100,0% [8]).

[6]) Nr. 12: Macedo, S. 30.

[7]) Nr. 7: Figart, S. 277 (1900—1920); Nr. 117: Mal. Stat., 1932, S. 104 (1930).

1930	Heveaanbaufläche	
Gesamtfläche		1 218 000 ha [9]).
Über 100 acres etwa	60% =	713 000 ha
Unter 100 acres etwa	40% =	387 000 ha
Gesamtfläche	100% =	1 218 000 ha

Im Jahre 1922 entfallen 58,5% der gesamten Heveaanbaufläche auf Betriebe mit einer Größe von mehr als „100 acres", was ungefähr dem Prozentsatz entspricht, der sich im gleichen Jahre in „europäischem" Besitze findet. Klein- und Mittelbetriebe stellen die restlichen 41,5%.

Der prozentuale Anteil der „asiatischen" Großbetriebe an der Gesamtfläche der Betriebe über „100 acres" ist ähnlich gering wie derjenige der „europäischen" Mittelbetriebe an der Fläche, die auf Betriebsgrößen unter „100 acres" entfällt. Die Angaben für das Jahr 1930 zeigen, daß die Verhältnisse sich nicht grundlegend geändert haben. Man schätzt, daß etwa 60% der Anbaufläche auf Großbetriebe entfallen. Von diesen sind wiederum rund 90% in den Händen von europäischen oder amerikanischen Gesellschaften. 40% des Heveaareals werden von Klein- und Mittelbetrieben bestellt, die mit Ausnahme von 5% Asiaten zu Besitzern haben.

Wie schon oben gesagt wurde, ist der Lohnarbeiterbedarf der Klein- und Mittelbetriebe sehr gering, da sie sich auf die Arbeitskraft der Familienmitglieder stützen. Die Großunternehmungen dagegen haben naturgemäß einen großen Bedarf an Lohnarbeitern. Dies wird veranschaulicht durch einen Vergleich der Größe der Plantagenbevölkerung, die bis auf einen kleinen Bruchteil auf Kautschukpflanzungen lebt, mit der gesamten in der Kautschukproduktion tätigen Bevölkerung.

Nach dem Zensus von 1931 leben auf sämtlichen Pflanzungen Malayas 424 000 Menschen. Von diesen sind:

	Total	Männer	Frauen
Inder	304 000	185 000	119 000
Chinesen	86 000	72 000	14 000
Malaien u. Javanen	29 000	17 000	12 000
Rest [9a])	5 000	4 000	1 000
	424 000	278 000	146 000 [9b]).

In dieser Zahl von 424 000 sind natürlich auch die Kinder der Arbeiter enthalten. Dagegen sind insgesamt in Britisch-Malaya

[8]) Nr. 7: Figart, S. 277.
[9]) Nr. 117: Malay. Stat. 1932, S. 104. Eine Unterscheidung in europ. und asiat. Besitzungen war f. 1930 nicht zu finden.
[9a]) Europäer, Eurasiaten u. a.
[9b]) Nr. 129: Census 1931, S. 40 und Tab. 20.

510 000 Menschen ausschließlich mit der Kautschukgewinnung beschäftigt; dazu kommt noch ein großer Teil von denjenigen 215 000 Personen, die im Zensus unter „Other and Multifarious Agricultural Industry" geführt werden, denn hier handelt es sich oft um Betriebe, die sich dem Anbau der verschiedensten Kulturen widmen, wobei Kautschuk häufig dominiert [9c]). Man wird daher nicht fehlgehen, wenn man für das Jahr 1931 mit einer Zahl von 600 000 Menschen rechnet, die im Dienste der Kautschukproduktion stehen. Dazu kommen etwa 40 000, die in Kokos- und Ölpalmpflanzungen tätig sind. So beläuft sich die Zahl der im Dienste der Heveen-, Ölpalm- und Kokoskultur stehenden Arbeitskräfte auf rund 64 000, gegenüber einer Plantagenbevölkerung von 424 000 Köpfen. Eine Kautschukplantagenarbeiterschaft von etwa 360 000 bearbeitet eine Fläche von etwa 750 000 ha. Weitere 240 000 Personen bewirtschaften eine Fläche von 500 000 Hektar. Bei diesem Vergleich zeigt sich, daß die Großbetriebe arbeitsintensiver sind als die Klein- und Mittelbetriebe. Den ersteren gilt unser besonderes Interesse.

Folgende Zusammenstellung zeigt die Verteilung der Plantagenbevölkerung in Malaya für das Jahr 1931:

	Zahl der Plantagen	Größe der Plant.-Bevölkerung
Singapore	13	7 000
Penang	56	19 000
Malacca	54	17 000
Straits Settl.	123	43 000
Perak	297	86 000
Selangor	281	97 000
Negri Sembilan	215	56 000
Pahang	48	12 000
Federated M. St.	841	251 000
Johore	269	73 000
Kedah	141	49 000
Kelantan	24	6 000
Trengganu und Perlis	3	2 000
Brit.-Malaya	1 401	424 000 [10]).

Auf die drei Staaten Perak, Selangor und Negri Sembilan kommen 56,6% aller Plantagen und 56,5% der gesamten Plantagenbevölkerung. In der Bedeutung folgt der Staat Johore, der sich in jüngster Zeit sehr stark entwickelt und der wohl die größte Zukunft hat.

9c) Nr. 129: Census 1931, S. 99.
10) Nr. 129: Census 1931, Table 20.

Aus den oben gebrachten Ausführungen über Bergbau und Plantagenindustrie ergibt sich vor allem die Tatsache, daß diese beiden Grundpfeiler der Wirtschaft Malayas ausschließlich durch eingewanderte Arbeiter getragen werden. Der Chinese ist der Arbeiter in den Gruben. Auf den Plantagen ist es der Inder, dem in weitem Abstande der Chinese folgt. Alle anderen machen nur eine kleine Gruppe aus.

b) Die chinesische Einwanderung.

Was Britisch-Malaya den Chinesen verdankt, sagt der frühere Gouverneur Swettenham mit folgenden Worten: „Ihre Energie und ihr Unternehmungsgeist haben die Malaienstaaten zu dem gemacht, was sie heute sind, und es würde unmöglich sein, die Verpflichtungen zu überschätzen, die die malaiische Regierung und das Volk diesen arbeitsamen, fähigen Fremdlingen gegenüber haben. Sie waren schon die Bergleute und Händler und in einigen Fällen die Pflanzer und Fischer, bevor der Weiße seinen Weg zur Halbinsel gefunden. In der ersten Zeit lieferte die chinesische Energie und Betriebsamkeit die Mittel, um Straßen und andere öffentliche Einrichtungen zu bauen und für all die anderen Kosten der Verwaltung. Dann waren sie und sind auch heute noch die Pioniere des Bergbaues. Sie bahnten sich ihre Wege in den entlegenen Dschungel, rodeten Wälder, wagten alles und hatten oft riesige Gewinne. Sie trugen aber auch die Gefahren des oft tödlichen Klimas. Die Chinesen waren aber nicht nur Grubenarbeiter, sondern auch Köhler in der Zeit, da sie noch selbst das Zinn aufbereiteten, sie waren Holzfäller, Zimmerleute und Ziegelsteinbrenner. Als Bauunternehmer bauten sie beinahe alle öffentlichen Gebäude, die meisten Straßen, Brükken, Eisenbahnen und Wasserbauten. Sie brachten Kapital ins Land, als die Europäer die Verlustgefahr noch fürchteten, sie waren die Händler und Kaufleute. Ihre Dampfer nahmen zuerst einen regelmäßigen Dienst zwischen den Häfen Malayas auf. Sie führten Tausende ihrer Landsleute ein, als der einzige große Mangel der an Arbeitern war, um die verborgenen Reichtümer eines fast unbekannten, mit Urwald bedeckten Landes zu entwickeln und zu heben“ [11]).

Diese Kennzeichnung der Bedeutung der Chinesen für die Entwicklung Britisch-Malayas ist in keinem Worte übertrieben.

Die chinesische Einwanderung reicht in ihren Anfängen viele Jahrhunderte zurück. Schon im 6. und 7. Jahrhundert gab es auf der Halbinsel seßhafte Chinesen. Es entwickelte sich mit der Zeit ein Handel zwischen Südchina und den Häfen an der Straße von Malakka, über den sich von Zeit zu Zeit in den Annalen Berichte finden, so z. B. in den Ming-Annalen [12]). Unter der portugiesischen und holländischen Herrschaft ging der chinesische Einfluß

[11]) Nr. 127: Swettenham, S. 232.
[12]) Nr. 104: Ta Chen, S. 80—81.

zurück, um unter der der Engländer wieder anzuwachsen und bedeutend größer als vorher zu werden. Die steigende Bedeutung des Chinesentums können wir bis 1880 etwa am besten an Hand der Zählungen in den Straits Settlements, besonders der von Singapore verfolgen.

Singapore war eine kleine Fischersiedlung, als Raffles Ende Februar 1819 die strategische Lage der gleichnamigen Insel erkannte und hier die englische Flagge hißte [13]). Einige Monate nach der Gründung der Niederlassung war die Einwohnerzahl schon auf 5 000 angewachsen, von denen ein Großteil Chinesen waren [14]). 1824 wurde die erste Zählung veranstaltet, aus der sich ergab, daß unter einer Gesamtbevölkerung von 10 600 3300 Chinesen waren [15]). 1840 gab es 17 179 Chinesen unter einer Bevölkerung von 39 681 [16]).

Die folgende Zusammenstellung zeigt einmal das schnelle Wachstum der Stadt Singapore und zum anderen das Anwachsen des Chinesentums. Der Vollständigkeit wegen sind die Angaben über 1880 hinaus bis 1931 gegeben [17]).

Singapore:

Jahr	Gesamtbev.	Chinesen	% Anteil der Chinesen
1821	4 727	1 159	23,4
1824	10 683	3 317	31,7
1830	16 634	6 555	39,1
1834	26 329	10 767	40,6
1836	29 984	13 984	46,5
1840	39 681	17 179	43,1
1850	59 043	27 988	47,2
1860	80 792	50 043	62,5
1871	97 111	54 572	55,6
1881	139 208	86 766	62,3
1891	184 544	121 908	66,0
1901	228 555	164 041	71,7
1911	303 321	219 577	72,4
1921	425 912	317 491	74,5
1931	557 745	418 640	75,5 [17]).

[13]) Daß R. bewußt handelte, zeigt folgende Bemerkung: „You may take my word for it, Singapore is by far the most important station in the East; and as far as naval superiority and commercial interests are concerned, of much higher value than whole continents of territory." Nr. 129: Census, S. 1.

[14]) Nr. 115: Makepiece, S. 341.

[15]) Nr. 126: Siang, S. 23; Nr. 117a; Mills, S. 212.

[16]) Nr. 117a: Mills, S. 212.

[17]) Nr. 117a: Mills, S. 212; Nr. 126: Siang, S. 23; Nr. 90: Mosolff, S. 250 bis 251 (Jahr 1871); Nr. 112: Census 1911, 1921; Nr. 129: Census 1931.

Ta Chen sowohl wie Mosolff, der Ta Chens Angaben ohne Kritik übernimmt, geben die Zahlen für Singapore von 1824 bis 1860 fälschlich für die der gesamten Straits Settlements an [18]). Durch diesen Irrtum wird es erklärlich, daß die Bevölkerung der Straits innerhalb von 20 Jahren von 59 043 im Jahre 1850 auf 308 097 im Jahre 1871 angewachsen sein soll. In Wirklichkeit lauten die Zahlen für alle Settlements:

Jahr	Gesamtbevölk.	Chinesen
1830	126 710	22 574
1840	177 786	37 883
1850	229 501	62 784
1860	272 831	96 304 [19]).

In Penang haben wir dasselbe Verhältnis zwischen Gesamtbevölkerung und Chinesen; nur ist das Wachstum hier nicht so beschleunigt wie in Singapore, da Penang nicht dieselbe Gunst der Lage besitzt. Singapore ist der erste Hafen Malayas, der von den aus China kommenden Einwanderern erreicht wird, und das wichtigste Einfallstor. Die Niederlassungen Wellesley und Malacca haben keinen so hohen Prozentsatz von Chinesen wie die beiden anderen.

1. Formen der Einwanderung.

Es ist ein Hauptmerkmal der zu Beginn des letzten Jahrhunderts einsetzenden Masseneinwanderung von chinesischen Arbeitern, daß die Einwanderer fast ausschließlich mittellos sind, sodaß es ihnen nicht möglich ist, die Reisekosten zu zahlen. Solange ein chinesischer Kuli noch soviel Geld besitzt, daß er die Überfahrt nach Malaya bezahlen kann, ist er meist noch nicht bereit, seine Heimat zu verlassen.

Zur Zeit Raffles, also zu Beginn des 19. Jahrhunderts, ging die Einwanderung folgendermaßen vor sich: Die mit dem NO-Monsun in den Häfen an der Straße von Malakka ankommenden chinesischen Dschunken brachten mittellose Landsleute mit. Die Ankunft der Dschunken wurde immer von einer Reihe von Arbeitgebern erwartet, die sich sogleich auf die Fahrzeuge begaben, um sich aus der Schar der Einwanderer geeignete Kräfte auszusuchen. Sie hatten für diese die Überfahrt zu zahlen, und die Höhe der Kosten richtete sich nach Angebot und Nachfrage. Der Kuli war nun seinerseits dazu verpflichtet, ein Jahr zu arbeiten, wofür er nur freie Kost, Kleidung, Wohnung und ein paar Dollar Taschengeld erhielt, was in den meisten Fällen an die Angehörigen in China geschickt wurde. Die Kapitäne der Dschunken spekulierten also mit den Fahrgästen [20]). Bei steigendem Arbeiterbe-

[18]) Nr. 104: Ta Chen, Table 14, S. 82. Nr. 90: Mosolff, Tab. S. 252.
[19]) Berechnet nach Nr. 117a: Mills, S. 212.
[20]) Nr. 128: Vaughan, S. 8 ff. und Nr. 118: Raffles, Appendix, S. 9.

darf treten Agenten, Makler und Firmen auf, die sich des Auswanderungsgeschäftes bemächtigen und es berufsmäßig betreiben. Es entwickeln sich zwei Systeme, mit deren Hilfe mittellose Chinesen ins Ausland gebracht werden:

1) Das „Credit-ticket"-System,
2) das Kontraktsystem.

Beide Systeme sind zwar seit einer Reihe von Jahren stark abgeändert bzw. abgeschafft, sollen aber hier doch in ihrer ursprünglichen Form beschrieben werden.

Das „Credit-ticket"-System arbeitet folgendermaßen. Chinesische Agenten suchen in den heimatlichen Häfen und im Innern des Landes mittellose Landsleute zur Auswanderung zu veranlassen und zahlen ihnen sowohl Überfahrt wie weitere Auslagen unter der Voraussetzung, daß sie die Verpflichtung übernehmen, alle entstehenden Kosten zurückzuerstatten. In den meisten Fällen arbeiten die Agenten im Auftrage von chinesischen Kulimaklern, den sog. „Brokers" in den Häfen Singapore und Penang, an die sie die Kulis schicken. Diese nehmen die ankommenden Landsleute in Empfang und halten sie in sicherem Gewahrsam, bis ein Unternehmer für den Arbeiter die durch diesen verursachten Geldauslagen dem Makler zurückerstattet, wozu natürlich noch ein entsprechender Verdienst für den Makler und den Agenten in China kommt. Der Arbeiter seinerseits arbeitet nun solange im Dienste seines neuen Herrn, bis er diesem die ganzen Auslagen zurückbezahlt hat. Das Ganze hat durchaus die Form eines Handels, bei dem die Arbeitskraft des Kuli der Gegenstand ist. Man nennt diesen Handel „pig-business". Bei diesem System kam es zu großen Unzuträglichkeiten, da die Kulis den Maklern vollständig ausgeliefert waren und wie Ware behandelt wurden. Sie hatten nicht den geringsten Einfluß darauf, wohin und für welche Arbeit sie weitergegeben wurden. So konnten sie auch z. B. seit den siebziger Jahren nach Sumatra geliefert werden. In Singapore fanden sich die Arbeitgeber meist unter den chinesischen Geschäftsleuten, den Pfeffer-, Gambir- und Tapiocapflanzern, in Penang waren es die chinesischen Zinngruben von Perak und Selangor [21]). Die wirklichen Unkosten, die ein Kuli im Durchschnitt verursachte, betrugen im Jahre 1876 \$ 13—14, während für einen Kuli \$ 25—30 bezahlt wurden.

Das „Kontraktsystem" gleicht dem „Credit-ticket"-System in sehr vielen Punkten. Zunächst ist der Gang derselbe. Nur unterzeichnet der Kuli oft schon in China einen Kontrakt, der im Beisein von englischen Beamten in Singapore oder Penang endgültig abgeschlossen wird. Dieser Kontrakt bindet den Arbeiter für eine vereinbarte Zeit, meist 300 Tage, und setzt ihn einer strafrechtlichen Verfolgung aus, wenn er seine eingegangene Verpflichtung nicht erfüllt. Während bei dem „Credit-ticket"-System der

[21]) Nr. 83: Campbell, S. 5.

Arbeiter einen ortsüblichen Lohn erhält, von dem ein Teil eingegehalten wird, bekommt der Kontraktarbeiter Nahrung, Kleidung und ein Taschengeld. Erst nach Ablauf der Kontraktzeit wird ihm ein voller Lohn ausgezahlt. Ein neuankommender Kuli wird „Sinkeh" genannt, hat er aber alle seine Verpflichtungen erledigt und ist er frei und ungebunden, so nennt man ihn „Laukeh".

Infolge der häufig ungerechten Behandlung der Kulis durch die Makler wurde auf Veranlassung von chinesischen Kaufleuten im Jahre 1877 das Amt des „Protector of Chinese" geschaffen, das im Jahre 1880 endgültig eingerichtet wurde. Der „Protector" hat vor allem die Aufgabe, selbst oder durch seine Beamten auf jedem aus China kommenden Schiffe festzustellen, ob Kulis an Bord sind, deren Überfahrt durch Agenten oder Makler bezahlt wurde. Es gilt, diese Arbeiter zu betreuen. Zu diesem Zwecke wurden sämtliche Depots, in denen die Kulis bis zur Weitergabe an Unternehmer gehalten wurden, die sogenannten „lodging-houses", der Kontrolle des Protectors unterstellt, der Lizenzen für das Führen eines solchen Hauses ausstellt. Nach der Verfügung IV des Jahres 1880 dürfen Kulis nicht länger als 10 Tage in einem Depot festgehalten werden. Sämtliche Vereinbarungen und Kontrakte zwischen Kuli und Arbeitgeber müssen vor dem Protector abgeschlossen werden, der den Leuten in ihrer Sprache auseinandersetzt, wozu sie sich verpflichten.

Um die Wende des Jahrhunderts kommt das Kontraktsystem mehr und mehr in Verruf. Die Zahl der Kontraktunterzeichnungen nimmt dauernd ab und nach dem 30. Juni 1914 dürfen keine mehr vorgenommen werden. Damit ist das „indentured labour system" für Chinesen in Malaya beseitigt, wie das für indische Arbeiter schon seit 1910 der Fall war. Es besteht heute nur noch für javanische Arbeiter auf Veranlassung der niederländischen Kolonialregierung, die an ihm auch in den sogenannten „Außenbesitzungen" festhält, wie wir später sehen werden.

Zum Unterschied zu den durch einen Arbeitsvertrag sich verpflichtenden Arbeitern, den „unpaid passengers", wurden die übrigen „free immigrants", freie Einwanderer, genannt, obwohl auch sie in vielen Fällen nicht vollständig frei in ihrem Handeln waren. Heute gibt es nur „paid passengers" oder „free immigrants", die aber trotzdem die Überfahrt sehr oft nicht selbst bezahlen, sondern den erforderlichen Betrag von einem Fremden erhalten, der nach chinesischem Gesetz ein Chinese sein muß. Die Geldgeber sind meist Agenten oder Auswanderungsfirmen, die im Dienste von Unternehmern stehen. Die englische Regierung hat einen Höchstbetrag festgesetzt, der von einem Kuli zurückverlangt werden kann. Die Verpflichtung zu dieser Zurückzahlung ist aber nur mehr zivilrechtlicher Natur. Allgemein wird festgestellt, daß die Kulis ihre Schuld willig abtragen.

2. Die Größe der chinesischen Einwanderung.

Da bis zur Schaffung des Protektorates für Chinesen keine dauernde Überwachung der chinesischen Einwanderung durchgeführt wurde, sind wir über ihren Umfang für die Jahre vor 1880 sehr im Unklaren. Im „Journal of the Indian Archipelago" finden sich Angaben für die Jahre 1840—1852. Danach wanderten in die Straits Settlements ein:

1840—41	5 063	1847—48	9 948
1841—42	6 154	1848—49	9 817
1842—43	6 391	1849—50	10 928
1843—44		1850—51	8 205
1844—45	10 680	1851—52	9 685
1845—46	8 646	1852—53	11 484
1846—47	9 569		

[22]).

Die Zahl der direkt nach Penang oder anderen Häfen der Halbinsel gelangenden Chinesen ist äußerst gering. Die Einwanderung ist in diesen Jahren noch verhältnismäßig klein, da der Bedarf gering ist.

In den siebziger Jahren belebt sich die Einwanderung ungemein infolge des Aufschwunges, den der Zinnbergbau nimmt, und infolge des fortschreitenden Einflusses der Engländer auf die malaiischen Staaten. Diese Belebung führt schließlich im Jahre 1880 zur Überwachung. Die Haupteinwanderungshäfen sind Singapore und Penang, in denen alle ankommenden chinesischen Zwischendeckpassagiere gezählt werden, ganz gleichgültig, ob sie in dem betreffenden Hafen an Land gehen oder die Reise fortsetzen.

Während in den Jahren 1840—1853 im Durchschnitt 9—10 000 Einwanderer gezählt wurden, sind es im Jahre 1880 schon 78 000. Die Zahl steigt, von kleineren Schwankungen abgesehen, bis zu einer Höhe von 220—260 000 in den letzten Vorkriegsjahren (vgl. Tabelle III). Während des Krieges wird der Zustrom an Arbeitern stark abgedrosselt, um von 1919 ab anzusteigen bis zu einer Rekordhöhe von nahezu 360 000 im Jahre 1927. Die im Jahre 1928 und in verstärktem Umfange 1929 und in der Folgezeit eintretenden Schrumpfungen des Wirtschaftskörpers haben die chinesische Einwanderung auf einen Bruchteil der erreichten Höhe zurückgehen lassen. Dazu führte vor allem die Quotierung, die sich als notwendig erwies, um Malaya vor einem Steigen der Arbeitslosigkeit zu bewahren. Die Einwanderung ist seit dem 31. Juli 1930 eingeschränkt und im Februar 1932 betrug die Quote für Singapore 1000 pro Monat. Penang hat bei weitem nicht die Bedeutung Singapores als Einwanderungshafen. Im Durchschnitt werden hier in Normaljahren 50 000 Kulis gezählt.

Der Rückwanderung der Chinesen hat man bis vor einigen Jahren kaum Beachtung geschenkt. Der Arbeiter, der „seine

---

[22]) Nr. 176: Journal 1853, S. 113.

Schuldigkeit" getan hat und seine Heimat wieder aufsucht, erregt nicht das Interesse, das ihm bei seiner Ankunft entgegengebracht wurde. Erst seit 1916 zählt man in Singapore die nach China zurückreisenden Deckpassagiere. Die Rückwanderung ist tatsächlich viel schwieriger zu überwachen, da es einmal mehr Abflußkanäle gibt und die Kulis des weiteren meist keiner Hilfe seitens der Kolonialverwaltung bedürfen, sich also weniger bemerkbar machen. Erst seit Beginn der Krise ist die Rückwanderung ins Blickfeld gerückt, da man sich nun so schnell wie möglich der Arbeitslosen entledigen will. So sind im Jahre 1932 162 000 Chinesen nach China zurückgekehrt, während in demselben Jahre nur 34 000 eingereist sind [22a]). Statt eines Einströmens können wir also heute von einem Zurückfluten der Chinesen sprechen, das aber noch nicht die Größe der Einwanderung der Jahre 1925—30 erreicht hat.

3. Der Anteil der Frauen bei der Einwanderung.

Von jeher steht man der Auswanderung der Frau in China äußerst ablehnend gegenüber aus Gründen, die ich an anderer Stelle angeführt habe. Es zeigt sich aber die überraschende Tatsache, daß seit 1890 die Zahl der Frauen, die ihre Männer begleiten oder ihnen, wie es meist der Fall ist, nachfolgen, stetig zunimmt. Für Britisch-Malaya ist die Zunahme der chinesischen Frauen recht erfreulich, da hierdurch die Zahl der seßhaften Chinesen zunimmt und in Verbindung damit weniger Kapital nach China abfließt. Es bessert sich auch das ungünstige Verhältnis der beiden Geschlechter. Bis zum Beginn des Krieges stieg der prozentuale Anteil der Frauen an der Einwanderung auf 10—11%, seitdem ist er in einzelnen Jahren bis auf nahezu 30% angewachsen.

Die Zahl der Frauen hat sich besonders stark in den Verbündeten Malaienstaaten, Johore und Kedah vergrößert, gegenüber den Straits Settlements, Kelantan und Trengganu, die schon 1911 einen beträchtlichen Anteil an Frauen hatten, was auf die überwiegende berufliche Tätigkeit der Chinesen in diesen Teilen zurückzuführen ist, denn hier sind die Chinesen vor allem im Handel tätig. Trengganu ist über den Stand von 1911 nicht hinausgekommen.

4. Der Weg der Einwanderer.

An der Auswanderung nach Südostasien und besonders nach Malaya sind die beiden Provinzen Kwangtung und Fukien beteiligt. Als Häfen kommen, wie schon erwähnt, Hoihow, Hongkong, Swatau und Amoy in Betracht, in denen sich die Auswanderungslustigen des zu den Häfen jeweils gehörigen Hinterlandes zusam-

---

[22a]) Nr. 181: Ostasiat. Rundschau 1933, S. 372.

menfinden oder zusammengebracht werden. Die in Singapore eintreffenden Chinesen werden u. a. nach ihren Ausgangshäfen unterschieden. Die meisten Auswanderer gehen in Hongkong und Amoy an Bord der Transportschiffe. An dritter Stelle folgt der Hafen Swatau und in weitem Abstande Hoihow auf der Insel Hainan. Solange die Auswanderer noch die heimische Dschunke benutzten, konnten sie die Heimat nur mit dem Nordostmonsun verlassen und waren in etwa 10 Tagen, je nach der Stärke des Windes und der Seetüchtigkeit des Bootes, in Singapore. Mit dem Aufkommen der europäischen Dampfschiffahrt wird diese zeitliche Begrenzung aufgehoben, die Sicherheit und die Bequemlichkeit erhöht. Diese Erleichterung der Seefahrt hat zweifellos mit zur Hebung der Auswanderung beigetragen.

Bei dem Transport stehen von jeher englische Schiffe an erster Stelle. Vor dem Kriege war der Anteil, der auf deutsche Schiffe entfiel, recht bedeutend. Seit Beginn des Krieges hat das aufgehört, und nach Friedensschluß ist es uns nicht gelungen, unsere alte Stellung beim Transportgeschäft wiederzuerhalten.

Nationalität der Kuli transportierenden Schiffe.

	1901	1912	1920	1926	1928
Englisch	157	145	161	216	185
Deutsch	54	85	—	—	—
Österreichisch	13	3	—	—	—
Italienisch	10	6	1	—	—
Norwegisch	1	2	3	41	33
Schwedisch	2	—	—	—	—
Holländisch	3	—	8	30	24
Dänisch	2	—	—	6	3
Japanisch	—	—	1	29	13
Chinesisch	—	1	1	15	5
Russisch	—	6	—	—	—
Amerikanisch	—	—	—	5	—
Siamesisch —	—	—	—	9	—
	243	248	175	351	263 [23]).

5. Die Verteilung der Chinesen in Malaya.

Die in Singapore und Penang landenden chinesischen Arbeiter bleiben nicht alle innerhalb der Grenzen Britisch-Malayas. Singapore und Penang sind schon seit langem wichtige Arbeitermärkte, von denen auch siamesische und holländische Unternehmer ihre Arbeitskräfte her beziehen.

Niederländisch-Indien ist immer ein großer Abnehmer von Arbeitern gewesen, ihm folgen die Nichtverbündeten Malaienstaa-

[23]) Zusammengestellt nach Nr. 119: Annual Departmental Reports of Straits Settlements.

ten und die englischen Besitzungen auf Borneo. Für die letzten Jahre bringen die Berichte des „Statistical Office" Angaben über den Verbleib der Einwanderer; nur stimmen die von dieser Behörde gegebenen Gesamtzahlen nicht mit denen überein, die vom Protector of Chinese stammen. Die in den Häfen Malayas ankommenden Chinesen hatten als Ziel [24]):

	1925	1926	1927	1928
Malaya	105 268	221 011	227 932	159 678
Niederländ. Indien	80 492	88 811	86 267	97 027
Indien	2 995	4 566	5 874	4 177
Rest	21 191	21 576	26 911	25 731
	209 946	335 964	346 984	286 613

Für eine Anzahl von Chinesen bilden die Häfen Malayas, besonders Singapore, Durchgangsstationen. Die Mehrzahl aber sucht in Malaya selbst Betätigungsmöglichkeiten.

In Malaya gibt es nach dem Zensus von 1931 keinen Verwaltungsbezirk, der keine Chinesen unter seiner Bevölkerung hätte. Diese konzentrieren sich sehr stark auf die Staaten an der West- und Südwestküste, entsprechend der Verbreitung der die Wirtschaft Malayas ausmachenden Gruben und Plantagen. Von den gesamten Chinesen leben 41,6% in den Verbündeten Malaienstaaten, 38,8% in den Settlements und 19,6% in den Nichtverbündeten Malaienstaaten. Am stärksten ist das chinesische Element prozentual in den Settlements mit großen Städten, wie Singapore und Penang und in Grubendistrikten wie Kinta, Ulu Selangor und Kuala Lumpur vertreten, hinzu kommen noch zwei Bezirke von Johore: Johore Bahru und Segamat, durch die die Haupteisenbahnlinie Singapore—Bangkok führt, entlang der ein Streifen von Pflanzungen entstanden ist, die in der Hauptsache Chinesen beschäftigen und sich vielfach in chinesischen Händen befinden. In welchem Umfange die Chinesen Städte bevorzugen, dafür folgende Beispiele nach dem Zensus von 1931:

Singapore	76,4%
Penang	67,7%
Malacca	68,4%
Taiping	67,7%
Jpoh	67,9%
Kuala Lumpur	60,3%
Seremban	66,6%
Johore Bahru	38,0%
Alor Star	36,8%

[24]) Nr. 119: Annual Departm. Report of the Stat. Office 1928.

In den städtischen Siedlungen der Settlements sind 72,4% der Bevölkerung Chinesen, in denen der Verbündeten Malaienstaaten 62,9%, in Johore und Kedah 56,7% bzw. 48,3% [25]).

Ähnlich ist es in den Grubengebieten; so sind in Kinta 68%, in Batang Padang 41,9%, Kuala Lumpur 63%, Ulu Selangor 52,3% und in Seremban 42,7% der Bevölkerung Chinesen.

Von Singapore im Süden entlang der Westküste hinauf bis in den Kinta-Distrikt sind, mit Ausnahme von drei Küstenbezirken im Staate Selangor, mehr als 30%, häufig sogar nahezu 60% und mehr von der Gesamtbevölkerung Chinesen. Nördlich davon gruppieren sich um Penang noch einmal eine Reihe von Bezirken, in denen sich ein hoher Prozentsatz Chinesen befindet. Je weiter wir uns von der Westküste gegen die Ostküste hin bewegen, umso geringer wird ihre Bedeutung, mit Ausnahme des Distriktes Kuantan im Nordosten von Pahang, der neben Kotta Tinggi im Süden die meisten Chinesen an der Ostküste enthält.

Die Chinesen werden nach ihrer Herkunft und Sprache unterschieden, und zwar in Gruppen, die 1921 und 1931 in folgender Stärke vertreten waren:

	1921	%	1931	%
Hokkien	380 656	32,5	540 736	31,6
Kantonesen	332 307	28,3	418 298	24,5
Hakka	218 139	18,6	318 739	18,6
Tiu Chiu	130 231	11,0	209 004	12,2
Hailam	68 393	5,8	97 894	5,7
Kwongsai	998	0,1	46 129	2,7
Hok Chiu	13 821	1,2	31 971	1,9
Hok Chhia	4 058	0,3	15 303	0,9
Andere	26 174	2,2	31 318	1,9
	1 174 777	100,0	1 709 392	100,0 [26]).

Aus Fukien stammen die Hokkien, Hok Chiu und Hok Chhia, wobei die Hok Chiu aus dem Gebiet um Futschau, die Hokkien aus dem Süden der Provinz kommen. Kantonesen, Hakka, Tiu Chiu und Hailam-Leute stammen aus Kwantung. Tiu Chiu nennen sich diejenigen, die aus dem Norden Kwantungs, der Präfektur Tschau-tschou-fu über den Hafen Swatau auswandern. Hailam nennt der Engländer denjenigen, dessen Heimat die Insel Hainan ist. Interessant ist die Feststellung, daß man bei den verschiedenen Gruppen eine bestimmte Tendenz in der Verbreitung feststellen kann. Die folgende Tabelle zeigt für die Straits Settlements, die Verbündeten Malaienstaaten, Johore und Kedah die Zahl der Vertreter der fünf wichtigsten Stämme:

---

[25]) Nr. 129: Census 1931, S. 79.
[26]) Nr. 129: Census 1931, S. 79—80.

	Str. Settl.	Verb. M. St.	Johore	Kedah
Hokkien	287 125	143 429	73 270	21 984
Kantonesen	141 975	226 189	29 585	13 079
Hakka	52 369	211 906	33 588	13 718
Tiu Chiu	115 123	33 040	35 935	23 045
Hailam	35 679	30 107	25 539	2 761 [26]).

Auffallend ist das außerordentlich starke Überwiegen der Hokkien in den Settlements, die an Zahl auch in Johore allen anderen überlegen sind, während sie in den Verbündeten Malaienstaaten sowohl von Kantonesen wie Hakka übertroffen werden. Besonders die letzteren sind in den Settlements auffallend wenig vertreten. Diese Verteilung hängt zunächst mit der Vorliebe der verschiedenen Stämme für besondere Berufe zusammen, dann gehen die einzelnen Einwanderer besonders gern dahin, wo sie eine größere Anzahl von Landsleuten treffen, da ihnen sonst die sprachlichen Schwierigkeiten zu groß werden. — Die Hokkien stellen die Masse der Händler und Kaufleute und sind daher so stark in den Settlements und weiter auch in den Städten der Verbündeten Malaienstaaten vertreten. Die sogenannten „Baba"-Chinesen der Settlements sind meist Nachkommen von Hokkien [27]). Eine große Zahl von Hokkien ist auch in der Landwirtschaft tätig, sei es als Kulis auf Plantagen, besonders aber als kleine selbständige Pflanzer und Gartenbauer in der Nähe von Städten. Die Kantonesen sind sehr viel im Bergbau und in der Landwirtschaft beschäftigt, eine beträchtliche Anzahl lebt in Städten und verdient sich den Unterhalt als Handwerker und Händler. Die Hakkas meiden ganz auffallend große Städte, stellen die Mehrzahl der Bergarbeiter, sind aber auch auf Plantagen zu finden. Der Kintadistrikt hat die meisten Hakkas. Die Tiu Chius leben vor allem in den Städten der Settlements und gehen den verschiedensten Berufen nach. — Hailams stellen in den Städten die Diener, auf dem Lande sind sie vielfach Plantagenarbeiter, so besonders in Johore.

Chinesen sind in sämtlichen Berufen vertreten, vom Großkaufmann bis zum kleinsten Händler, vom ungelernten Arbeiter bis zum Unternehmer und Industriellen. Nach dem Zensus von 1921 verteilen sich 1000 Chinesen in den Straits Settlements, Verbündeten Malaienstaaten und Johore wie folgt auf die einzelnen Berufsgruppen:

---

[27]) „B"-Chinesen nennt man die schon eine Reihe von Jahrzehnten in den Settlements ansässigen Familien, die häufig nicht mehr chinesisch sprechen.

	Str. Settl.	Verb. M. St.	Johore
Fischfang	16	14	15
Landwirtschaft	136	295	526
Bergbau	—	169	43
Bauhandwerk	70	53	28
Handel	184	116	117
Transportwesen	135	34	29
Öff. Dienste	9	16	9
Dienstboten	64	43	41
Andere Beschäftigungsarten	156	108	89
Schüler	59	38	12
Keinen Beruf oder keine Angaben	171	114	91
	1000	1000	1000

In den Settlements sind sie vor allen Dingen im Handel, Transportwesen und in der Landwirtschaft tätig, in den Verbündeten Malaienstaaten und in Johore in der Landwirtschaft, im Bergbau und Handel.

In den Verbündeten Malaienstaaten ist es auffallend, in welchem Maße der Bergbau als Beschäftigungsart an Boden verloren hat und zum Teil zugunsten der Landwirtschaft, denn 1911 waren noch von 1000 chinesischen Männern 416 im Bergbau tätig und 178 in der Landwirtschaft, 1921 waren jedoch in diesen beiden Berufsarten 169 bzw. 295 von 1000 beschäftigt. Außerordentlich hoch ist in Johore die Zahl der Chinesen, die durch Landbau ihren Lebensunterhalt finden.

Wie schon früher festgestellt wurde, stellen die Chinesen nahezu alle Bergarbeiter; ein großer Teil der Gruben ist auch in ihrem Besitze. 86 000 oder 20,2% der Plantagenbevölkerung ist chinesischer Herkunft. Von diesen arbeiten 31 000 in Johore und 20 510 in Negri Sembilan. Die Zahl der mit chinesischem Kapital arbeitenden und unter chinesischer Leitung stehenden Kautschukplantagen ist recht bedeutend. Die Ananasproduktion ist chinesisches Monopol. Die Versorgung der städtischen Verbrauchszentren mit landwirtschaftlichen Produkten besonders mit Gemüse wird von ihnen durchgeführt. Der Handel ruht nahezu vollständig in ihren Händen, ob es sich um Zwischenhandel oder um die Versorgung der Bevölkerung mit Fertigwaren oder anderen Gegenständen handelt. Nahezu alle Chinesen kommen mittellos ins Land und müssen, meist zunächst ein Jahr, für wenig Lohn arbeiten, um die Fahrtkosten zurückzuzahlen. Von den Tausenden, die in jedem Jahr einwandern, gelingt es einigen wenigen, den Aufstieg zu finden. Der Erfolg kommt in solchen Fällen natürlich nicht in 3—4 Jahren, sondern dazu muß man sich schon auf längere Sicht hin niederlassen. Die Mehrzahl geht nach 6—7 Jahren wieder nach China zurück, wenn nicht schon früher.

Vergleicht man den chinesischen Arbeiter mit solchen indischer oder javanischer Herkunft, so fällt einem das Bestreben des Chinesen auf, nach 1—2 Jahren seine Stellung zu verbessern, mit dem ersparten Gelde sich selbständig zu machen, bessere Erwerbsmöglichkeiten aufzusuchen, nachdem er genügend Zeit gehabt hat, sich mit der neuen Umwelt vertraut zu machen. Es steckt in den meisten ein rastloses Vorwärtsstreben und ein großer Unternehmungsgeist. Daher rührt auch das Urteil über den Chinesen als Arbeiter. Er ist anspruchsvoller, schwerer zu behandeln als der Inder oder Javane. Am liebsten arbeitet er im Akkord oder unter ähnlichen Lohnregelungen, während er in seinen Leistungen nachläßt, wenn er einen festen Tagelohn bekommt. Der Chinese ist ganz zweifellos das rührigste Element im Wirtschaftsleben Süostasiens.

c) Die indische Einwanderung.

Die Anfänge der Wanderbewegung indischer Arbeiter zwischen dem Mutterlande und dem jenseits des Meerbusens von Bengalen gelegenen Malaya reichen in die erste Hälfte des vorigen Jahrhunderts zurück. Bis 1867 gehören die Straits Settlements zu Bengalen. Sie sind aber auch recht eng mit der Präsidentschaft Madras verknüpft, da von dort die Garnisonen ergänzt wurden [28]). Bei dem Mangel an geeigneten Kräften für öffentliche oder private Arbeiten ist es erklärlich, daß die Beamten, die meist vorher in Indien gewesen sind, sich bemühen, die notwendigen Leute aus Südindien zu erhalten, was auch bei dem geringen Bedarfe nicht allzu schwierig ist.

In diesen Jahren denkt niemand daran, Plantagen anzulegen. Die landwirtschaftliche Erschließung steckt noch in den Anfängen und wird vom Chinesen beherrscht. Mit dem steigenden Einfluß Englands und der schließlichen Angliederung der Malaienstaaten an das englische Kolonialreich kommt Sicherheit und Ordnung ins Land. Nun erscheint auch der europäische Pflanzer, vor allen Dingen solche, die vorher in Ceylon tätig gewesen sind. Dem sofort auftauchenden Arbeiterproblem verstehen die Pflanzer zu begegnen, da sie es schon von Ceylon her kennen, wo man indische Tamilen in den Pflanzungen als Arbeiter verwendet. Der Bedarf an indischen Arbeitern vergrößert sich allmählich, um mit dem Beginn des Siegeszuges der Hevea brasiliensis außerordentlich stark anzuwachsen. Seitdem ist der Inder zu einem ganz wesentlichen Bestandteil der Bevölkerung Malayas geworden.

Bis 1857 gab es keine gesetzliche Regelung betreffs der Auswanderung aus Indien nach Malaya. In diesem Jahre kam ein Gesetz heraus, das den Personenverkehr im Bengalischen Meerbusen regelte mit der Folge, daß sich die Reisekosten erhöhten. Ein Gesetz aus dem Jahre 1864 (Indian Emigration Act XIII of 1864) verbot die Berufswerbung in Indien. Bis dahin sandten die Ar-

[28]) Nr. 116: Labour in Br. Malaya, S. 5.

beitgeber Agenten nach Indien oder die Arbeiter wurden durch Spekulanten, Kapitäne und Kaufleute, auf die Halbinsel gebracht. Trotz des erlassenen Gesetzes blieben die alten Zustände, bis 1870 Behörden in Madras gegen die Art der Werbung vorgingen. Infolge des Protestes der Straits Settlements regelten Gesetze aus den Jahren 1872 und 1876 die Arbeiterwanderung und unterwarfen sie einer Reihe von Bestimmungen, die aber alle im Jahre 1883 (nach anderen 1897) beseitigt wurden, da man sie in der Weise umging, daß die Auswanderung nun über französische Häfen erfolgte. Bis zum Jahre 1910 unterzeichnete ein Teil der einwandernden Arbeiter einen Arbeitskontrakt, der sie auf 1, 2 oder 3 Jahre verpflichtete. Seit 1910 gibt es keine indischen Kontraktarbeiter mehr auf der Malakkahalbinsel, da das Kontraktsystem auf Betreiben der indischen Regierung beseitigt wurde. Für die Pflanzer ergaben sich daraus keine Schwierigkeiten, da Transportkosten und alle übrigen Auslagen, die durch die Einwanderung von mittellosen Arbeitern entstanden, von dem im Jahre 1907 geschaffenen „Indian Immigration Committee“ aus den Mitteln des „Indian Immigration Fund“ bezahlt werden. Jeder Unternehmer, der indische Arbeiter beschäftigt, ist dazu verpflichtet, pro Kopf seiner Arbeiter pro Quartal eine bestimmte Summe an den Fond zu entrichten. Im Jahre 1930 galten folgende Sätze:

	Männer $	Frauen $
1. Quartal	2,88	2,16
2. Quartal	2,16	1,44
3. Quartal	1,44	0,72
4. Quartal	0,36	— [29]).

Mit dem Inkrafttreten des Gesetzes über indische Auswanderung aus dem Jahre 1922 (Act VII of 1922) kommt die Auswanderung nach Malaya wieder unter die Kontrolle der indischen Regierung, auf deren Druck hin die Arbeitergesetzgebung in Malaya Änderungen und Ergänzungen erfährt. Das heute geltende Gesetz (Labour Code) trat am 1. Oktober 1923 in Kraft. In seinen Grundzügen deckt es sich mit dem in Ceylon geltenden Gesetz. Es verpflichtet den Arbeitgeber zur Gewährung ausreichender und gesunder Wohnräume, der Stellung von einwandfreiem Wasser, Arzneimitteln, Krankenhäusern, ärztlicher Kontrolle, Schulen für die Kinder usw. Die indische Regierung unterhält einen Agenten, der die Lage der indischen Arbeiter dauernd überwacht und jährlich Bericht erstattet.

Der Arbeitgeber wie Arbeitnehmer kann jederzeit nach monatlicher Kündigung das Arbeitsverhältnis beenden, das auf rein zivilrechtlicher Basis steht im Gegensatz zu dem bis zum Jahre

[29]) Nr. 123: Annual Report of the L.D. 1930, S. 5.

1910 geltenden Kontraktsystem, bei dem ein Bruch des noch laufenden Kontraktes strafrechtlich verfolgt wurde.

1. Die Werbung von Arbeitern in Madras und ihr Transport nach Malaya.

Die Arbeitgeber Britisch-Malayas arbeiten genau so wie die Ceylons mit dem Kangani-System. Der „Kangani" genannte Werbeagent muß ein der Arbeiterklasse angehörender Inder sein, der wenigstens drei Monate in dem Betrieb gearbeitet hat, für den er in seiner Heimat neue Arbeitskräfte anwerben soll. Zu diesem Zwecke muß er eine Lizenz besitzen, die vom „Deputy Controller of Labour" in Penang ausgestellt und vom Agenten der indischen Regierung gegengezeichnet ist. Damit hat aber die Lizenz noch keine Gültigkeit, sondern sie muß entweder vom „Malayan Emigration Commissioner" in Madras oder vom „Assistant Emigration Commissioner" in Negapatam eine nochmalige Unterzeichnung erfahren. Nun erst kann er seine Werbetätigkeit beginnen, die durch Werbeinspektoren, deren es in der Präsidentschaft Madras 14 gibt, überwacht wird. Werbungen für Malaya sind nur innerhalb der Grenzen der Präsidentschaft Madras erlaubt. Hat der Kangani Auswanderungslustige gefunden, so muß er sich vom Dorfvorsteher eine Bescheinigung darüber ausstellen lassen, daß gegen die Auswanderung nichts einzuwenden ist. Hierauf bringt er seine Schützlinge nach Madras oder Negapatam ins Lager, das vom „Immigration Committee" unterhalten wird. Hier werden alle Auswanderer von einem im Dienste der indischen Regierung stehenden Arzte untersucht und dem „Protector of Emigrants" vorgeführt, der seine Genehmigung für die Ausreise geben muß.

Der Transport wird von der „British India Steam Navigation Company" ausgeführt, die in regelmäßigem Dienste ihre Dampfer zwischen den Häfen Negapatam, Madras und Malaya verkehren läßt. Die Überfahrt dauert 4½ Tage. Alle Dampfer legen zunächst in Penang an, wo die Einwanderer für die Staaten Perak, Kedah, Perlis und Penang selbst ausgeschifft werden; die Arbeiter, die für Unternehmungen in Selangor, Negri Sembilan, Pahang, Johore, Kelantan, Malacca und Singapore bestimmt sind, gehen in Port Swettenham an Land [30]). Alle einwandernden Arbeiter werden eine Woche in Quarantaine gehalten. Das Lager für Penang liegt in Pulau Jerejak. Port Swettenham hat selbst ein Lager. Nach Ablauf dieser Zeit werden die Leute an die Unternehmer weitergeleitet, für die sie geworben sind. Außer den durch Kangani Angeworbenen können auch solche vom Emigration Fond eine freie Überfahrt erhalten, die sich aus eigenem Antriebe in Negapatam oder Madras einfinden und sich bereit erklären, in Malaya eine Arbeitsstelle anzunehmen. Beide Gruppen werden im Gegensatz zu den auf eigene Kosten

---

[30]) Nr. 123: Annual Report of the L.D. 1930, S. 1.

einwandernden Indern „Assisted Immigrants" genannt, wobei die Unterscheidung gemacht wird zwischen „Kangani recruited" und „independent" oder „non-recruited labourers".

Unter den Distrikten der Präsidentschaft Madras zeichnen sich einzelne durch einen besonders großen Anteil an der Einwanderung nach Malaya aus, z. B. Trichinopoly, Tanjore, Madura, Coimbatore, Salem, Malabar, Chingleput und Vizagapatam [31]). Die Größe der Anteile ist von den verschiedensten Faktoren abhängig und daher immer schwankend.

2. Die Größe der Wanderbewegung.

Bis zum Jahre 1880 zurück läßt sich die zahlenmäßige Größe der Gesamteinwanderung von Indien her feststellen. Wie aus Tabelle IV ersichtlich, hält sie sich bis zum Jahre 1899 zwischen 10 bis 20 000 (Ausnahme das Jahr 1891), um in den Jahren 1900 bis 1913 von kleinen Schwankungen abgesehen stetig anzuwachsen. Die Jahre 1914 bis 1930 spiegeln die Unruhe im Wirtschaftsleben wider: zunächst Kriegs-, dann Krisenjahre 1921—1924 (Stevensonplan in der Kautschukwirtschaft), Anziehen der Kautschukpreise 1925—27. Der Sturz der Preise im Jahre 1928 ruft sofort eine Einschränkung des Arbeiterheeres hervor.

Von der Gesamteinwanderung ist diejenige von Kulis zu unterscheiden, die sich bis 1905 in recht bescheidenen Maßen hält, um dann entsprechend der Ausdehnung der Plantagen anzuwachsen. — Da der Inder nur in seltenen Fällen sich zu einem dauernden Aufenthalte in Malaya entschließt, vielmehr meist nach wenigen — meist drei — Jahren in die Heimat zurückkehrt, so muß die Rückwanderung eine annähernd gleiche Größe erreichen. Die indische Rückwanderung hat nur in Krisenjahren einen solchen Umfang, daß sie die Einwanderung überragt. In Normaljahren aber bleibt sie immer mit einigen Tausenden hinter dieser, sodaß die Zahl der Inder in Malaya sich, wie die letzten Zensen zeigen, von Jahrzehnt zu Jahrzehnt vergrößert.

3. Der Anteil der Frauen an der Einwanderung.

Nach dem Zensus von 1931 stehen 203 000 indischen Frauen 421 000 Inder gegenüber. Das Verhältnis beträgt also 1 : 2,07, ist aber nicht in allen Teilen der Halbinsel das gleiche. In Singapore ist es 1 : 5, in den Straits Settlements 1 : 2,88. Infolge der Bemühungen der Pflanzer und des „Emigration Commissioner", bei der Werbung möglichst viele Familien zu gewinnen, hat sich das Geschlechterverhältnis in den Plantagenstaaten Perak, Selangor und Negri Sembilan in den letzten Jahren bedeutend verbessert. Das Verhältnis betrug in:

---

[31]) Nr. 123: Annual Report . . . . . 1930, S. 1.

Jahr	Perak	Selangor	Negri Sembilan
1911:	1 : 3,0	1 : 3,3	1 : 4,6
1921:	1 : 2,1	1 : 2,1	1 : 3,0
1931:	1 : 1,8	1 : 1,7	1 : 2,0

4. Die Verteilung der Inder in Malaya.

Es ist von besonderem Interesse der Frage nachzugehen, wie sich die indischen Einwanderer über Malaya verteilen. Hierbei stehen allerdings nur Unterlagen für die Gruppe der „Assisted Immigrants" zur Verfügung, denn die Wege der auf eigene Kosten Eingewanderten werden nicht beobachtet, ebenso wie wir es schon bei der chinesischen Einwanderung feststellten. In den Jahren 1921—1930 sind 622 772 Arbeiter durch den „Immigration Fond" nach Malaya gebracht worden, die sich hier folgendermaßen verteilen:

Straits Settlements:		
Prov. Wellesley und Dindings	27 318	4,4%
Malacca	36 073	5,8%
Singapore	5 349	0,9%
	68 740	11,1%
Verb. Malaienstaaten:		
Perak	132 288	21,2%
Selangor	208 559	33,5%
Negri Sembilan	64 442	10,3%
Pahang	11 758	1,9%
	417 047	66,9%
Nichtverb. Malaienstaaten:		
Johore	57 887	9,3%
Kedah	69 496	11,2%
Kelantan	9 592	1,5%
	136 975	22,0%
Gesamtsumme	622 772	100,0%

Es entfallen in diesen Jahren auf die Straits Settlements 11%, weitaus der geringste Anteil, da sie infolge ihrer Größe nur wenig Raum für Plantagen bieten. So werden am 1. Januar 1930 auf Plantagen in den Straits Settlements beschäftigt:

	Inder	Chinesen	Javanen
Penang	719	428	121
Prov. Wellesl.	10 275	809	403
Dindings	2 438	57	—
Singapore	6 952	13 041	1 831
Malacca	15 547	3 969	785
	35 938	18 304	3 140 [32]).

[32]) Nr. 119: Annual Departm. Reports 1930.

Daneben werden in öffentlichen Betrieben bei der Eisenbahn, dem Straßenbau usw. beschäftigt:

	Inder	Chinesen	Javanen
Penang	3 222	264	7
Prov. W.	1 745	161	—
Dindings	188	3	—
Singapore	10 753	2 229	1 376
Malacca	1 075	91	187
	16 983	2 748	1 570 [33]).

Im Vergleich dazu haben die einzelnen Verbündeten Malaienstaaten ein bedeutend größeres Arbeitsheer und dementsprechend einen größeren Bedarf an Arbeitern. Selangor, die Hochburg des Plantagenbaues, war das Ziel eines Drittels aller Einwanderer. Auf die drei Staaten an der Westküste: Perak, Selangor und Negri Sembilan entfallen nahezu zwei Drittel. Unter den Nichtverbündeten Malaienstaaten sind es die beiden wirtschaftlich erschlossenen Länder Johore und Kedah, die zusammen mit dem in der Erschließung weit nachstehenden Kelantan die restlichen 22% der Einwanderer aufnahmen. Der Staat Trengganu ist noch so wenig in das Wirtschaftsleben einbezogen, daß in ihm der „Immigration Fond" nicht arbeitet, der beste Beweis dafür, daß die Plantagen hier noch keine Bedeutung erlangt haben. Auf den Inder entfallen in ganz Malaya 624 000 oder 14,2% der Bevölkerung. Der Anteil ist nicht in allen Teilen der gleiche.

Prozentualer Anteil der Inder an der Gesamtbevölkerung:

Singapore	9,0%	
Penang	16,1%	
Malacca	12,4%	
Straits S.	11,9%	
Perak	20,8%	!
Selangor	29,2%	!
Negri Sembilan	21,4%	!
Pahang	8,2%	
Verb. M. St.	22,2%	
Johore	10,1%	
Kedah	12,0%	
Brit. Malaya	14,2%	

21,2% aller Inder leben in den Straits, 60,8% in den Verbündeten Malaienstaaten und die restlichen 18,1% in den Nichtverbündeten Malaienstaaten, vor allem in Johore und Kedah.

[33]) Nr. 119: Annual Departm. Reports 1930.

Die Hauptverbreitung der Inder beschränkt sich noch stärker als die der Chinesen auf einen schmalen, im Durchschnitt 2 Distrikte breiten Streifen entlang der Westküste zwischen Penang und Malacca, auf ein Gebiet, das die Mehrzahl der Plantagen Malayas umfaßt. Das Schwergewicht der Inder liegt in den Küstendistrikten der Plantagenstaaten Negri Sembilan, Selangor und Perak, auf die, wie schon erwähnt, 56,6% aller Plantagen und 56,5% der Plantagenbevölkerung entfallen. Die höchsten Anteile erreichen sie in Selangor in den Distrikten Klang, Kuala Langat und Kuala Selangor und in dem zu Negri Sembilan gehörigen Coast. Um diese genannten Bezirke legt sich ein Gürtel von solchen, in denen auf den Inder 20—30% von der Gesamtbevölkerung entfallen. Von hier aus nimmt die Bedeutung nach Süden wie ins Innere der Halbinsel hinein ab; nach Süden hin, da hier der Chinese die Plantagenarbeit übernimmt, ins Innere hin, da hier die Plantage noch keinen nennenswerten Boden gefunden hat.

Wie die Chinesen, so zerfallen auch die Inder in verschiedene Gruppen, unter denen nur die „Madrasis" Bedeutung haben. Von den 624 000 Indern stammen 582 000 aus der Präsidentschaft Madras. Diese werden nach ihrer Sprache unterschieden in:

1931:	Tamilen	514 959	88,5%
	Telugus	32 541	5,5%
	Malayalis	35 125	6,0%
		582 125	100,0%

Nahezu 9/10 aller Madrasis sind Tamilen, die 82,5% aller Inder ausmachen. Neben den Madrasis haben noch einige Bedeutung die 31 000 Inder aus Pundschab, die sehr oft Polizisten sind, daneben Geldverleiher und Viehtreiber.

Tamilen, Telugus und Malayalis sind fast ausschließlich als Arbeiter in Plantagen und im Dienste der Regierung bei der Eisenbahn oder sonstigen Einrichtungen, besonders bei Bauten tätig. Das Anwachsen der Inder ist das beste Zeichen für die außerordentliche Entwicklung, die Malaya genommen hat, an der sie im Gegensatz zu den Chinesen nur als Arbeiter mitgewirkt haben. Es steckt in ihnen nicht der Ehrgeiz, der die Chinesen beseelt.

d) Der Javane in Malaya.

Den Chinesen und Indern stehen zahlenmäßig die aus Niederländisch-Indien einwandernden Malaien (Sumatraner, Javanen usw.) weit nach. Die meisten sind kleine Bauern, die sich vor allen Dingen in Johore und auch in den Verbündeten Malaienstaaten niederlassen. Nur ganz wenige arbeiten auf einigen Plantagen in dem Settlement Singapore, besonders in Pahang in den Distrikten Kuala Lipis und Kuantan. Ihre Gesamtzahl betrug in den Verbündeten Malaienstaaten im Jahre 1930: 4 234. Javanische Arbeiter sind die einzigen in Malaya, die durch Kontrakte für eine bestimmte Zeit, meist 900 Tage, gebunden sind[34]). Das Kontraktsystem wird in diesem Falle auf Veranlassung der Niederl. Indischen Regierung aufrecht gehalten.

Die Zahl der eingewanderten Malaien ist recht beträchtlich. Nach Angabe des Zensus von 1931 stammen 270 000 Menschen aus Niederländisch-Indien.

e) Zusammenfassung.

Es hat sich gezeigt, daß Britisch-Malaya in den letzten 50 Jahren einen gewaltigen Zustrom von allen Seiten, besonders aber von China, Indien und nicht zuletzt von Niederländisch-Indien her erfahren hat. Aus diesen Überschußgebieten an Arbeitskräften haben sich die Massen nach Malaya wie in einen Hohlraum ergossen und sehr bald an Stärke die einheimische Bevölkerung übertroffen. Das Verhältnis zwischen einheimischer und eingewanderter Bevölkerung veranschaulicht die Karte II. Nur ein

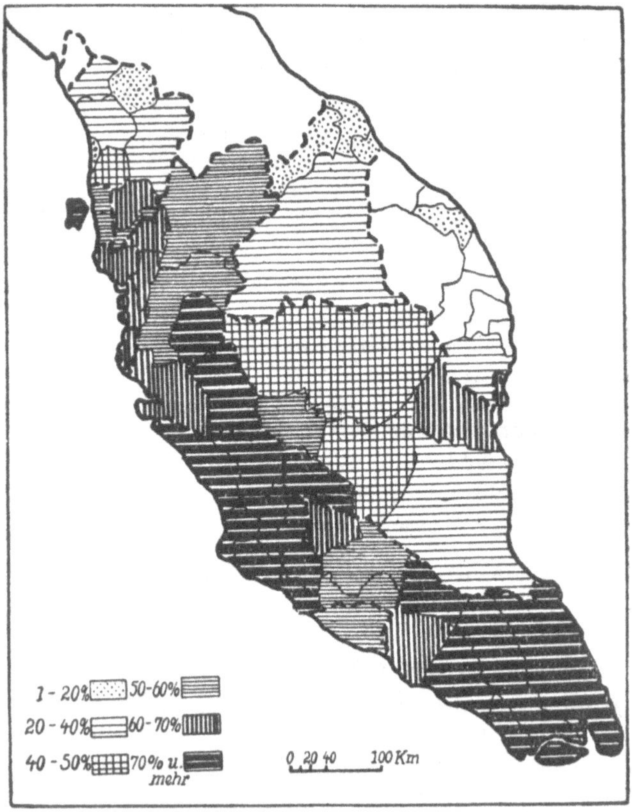

Karte II.
Britisch Malaya.
Der prozentuale Anteil der eingewanderten Bevölkerung an der Gesamtbevölkerung (nach Census 1931).

[34]) Nr. 107: Banner, S. 672.

kleiner Teil Malayas, nämlich der äußerste Norden, die Staaten Perlis, Kedah, Kelantan und Trengganu und Pahang mit Ausnahme des Distriktes Kuantan, haben eine überwiegend malaische Bevölkerung. Der Westen und Süden der Halbinsel sind in einem außerordentlich hohen Maße überfremdet. Nur diese Überfremdung konnte Malaya zu dem machen, was es heute ist: eine der wichtigsten Wirtschaftskolonien des englischen Weltreiches.

Kap. VII.

Die „Außenbesitzungen“ als Arbeiterbedarfsgebiete. [1)]

A. Die Provinz „Ostküste von Sumatra“.

1. Allgemeines.

Unter den Wirtschaftsgebieten Südostasiens gleicht die Provinz „Ostküste von Sumatra“ in der Lösung der Arbeiterfrage am meisten Britisch-Malaya. Während die Plantagen Ceylons und Assams ihre Arbeiter aus Indien erhalten, also aus einer einzigen Richtung, aus einem Lande, strömen die Arbeiter für Ostsumatra und Malaya aus zwei, ja drei Richtungen. Malaya erhält seine Kräfte aus China, Indien und Java, Ostsumatra aus Java, China und Indien. Genau so wie in Malaya war auch in Ostsumatra der Chinese viele Jahre schon als Hauptarbeitskraft sehr geschätzt, ehe in Malaya der Inder, in Ostsumatra der Javane als weitere Helfer erschienen.

Wie alle Außenbesitzungen ist die Insel Sumatra, vor allen Dingen das Tiefland, äußerst dünn besiedelt, was auf der einen Seite den europäischen Plantagenunternehmungen die Möglichkeit gibt, sich hier beliebig auszudehnen. Dieselbe Tatsache stellt sie aber auch vor das Arbeiterbeschaffungsproblem. Es herrscht ein großer Mangel an Arbeitskräften, da die eingeborene Bevölkerung Sumatras, die sich besonders im westlichen Hochlande zusammendrängt, keinen Anlaß hat, Lohnarbeit zu verrichten und sich überdies kaum dazu eignet. Der Aufenthalt im östlichen Tiefland ist für die Hochlandbewohner auch mit Gefahren für ihre Gesundheit verbunden.

Die Provinz „Ostküste von Sumatra“ hatte im Jahre 1930 eine Gesamtbevölkerung von 1 673 600. Davon waren:

Europäer	11 080
Inländer	1 455 050
Chinesen	191 890
Andere Asiaten	15 580
	1 673 600

1) Mit „Außenbesitzungen“ (holl. „Buitengewesten“) werden alle Teile des holl. Kolonialreiches in Ostindien bezeichnet mit Ausnahme von Java und Madura.

Der Begriff „Inländer" umfaßt allerdings auch die eingewanderten Javanen und ist so zu verstehen, daß darunter malaiische Untertanen des niederländischen Kolonialreiches zusammengefaßt werden. Die Chinesen stellen ungefähr 11,4% der Gesamtbevölkerung. Die Zahl der Javanen beiderlei Geschlechts, die im Jahre 1920 auf den Pflanzungen der Ostküste beschäftigt waren, betrug 200 000. Wie groß die gesamte eingewanderte javanische Bevölkerung ist, ist aus den Zensusangaben nicht ersichtlich. Auf die Bedeutung Javas als Überschußgebiet von Arbeitskräften soll im folgenden Kapitel eingegangen werden.

2. Die Geschichte des ostsumatranischen Plantagengebietes.

Bis zu Beginn der zweiten Hälfte des vorigen Jahrhunderts (1858) war Ostsumatra (ein Teil des Sultanates Siak) völlig unabhängig. Seine erste Erschließung, besonders die des Distriktes Deli, ist an den Namen des Holländers Nienhuys geknüpft, der im Jahre 1863 nach Ostsumatra kam und die ersten Versuche mit dem Anbau von Tabak machte. Von Jahr zu Jahr mehrte sich die Zahl der Pflanzungen in diesem Gebiete, das bis dahin von Urwald und ausgedehnten Sümpfen bedeckt war. Die Fläche, die in der Provinz Ostsumatra dem Anbau von Tabak zur Verfügung steht, ist begrenzt, da nur ein aus andesitischen Tuffen entstandener Boden sich dafür eignet. Das Tabakanbaugebiet beschränkt sich daher auf die ehemaligen Sultanate Deli, Teile von Langkat und Serdang, die den berühmten Deli-Tabak liefern.

Nach 1880 gewann der Kaffee, der auf Java im Kultursystem angebaut wurde, in Sumatra als Plantagenprodukt einige Bedeutung. Einen recht kräftigen Auftrieb erlebte das Plantagengebiet mit dem Aufkommen von Hevea brasiliensis.

Nach Broersma wurden zwar schon ziemlich früh (nach 1875) Kautschuk liefernde Pflanzen angebaut, man kann aber mit vollster Berechtigung das Jahr 1906 als das Anfangsjahr der Kautschukproduktion großen Stils bezeichnen[2]). Da der Kautschukanbau in Ostsumatra zu einer Zeit aufkam, in der der Tabak eine Krise durchmachte, trat er sogar in beträchtlichem Umfange an dessen Stelle [3]).

Heute finden wir neben Tabak, Kaffee und Kautschuk noch Tee, Kokos- und Ölpalmen als die wichtigsten Kulturpflanzen an der Ostküste von Sumatra. Der Jahresbericht 1931 der Handelsvereinigung von Medan gibt für die „großen Kulturen" folgende Areale an:

---

[2]) Nr. 137: Broersma II. Bd., S. 26.
[3]) Nr. 137: Broersma II. Bd., S. 33.

Kautschuk	275 736	ha
Tabak	19 805	ha
Tee	21 904	ha
Palmöl	61 369	ha
Kokos	5 195	ha
Kaffee	3 839	ha
	387 848	ha [4]).

Die Zahlen gelten nur für die Provinz Ostsumatra. Die übrigen Provinzen der Insel haben auch Pflanzungen, keine Provinz hat aber auch nur ein annähernd so großes Kulturgebiet wie Ostsumatra.

3. Die chinesische Einwanderung.

a) Die Geschichte.

Nienhuys, der erste Pflanzer Ostsumatras, machte schon die Erfahrung, daß der Eingeborene sich nicht als Arbeiter eignet und mußte sich nach anderen Helfern umsehen, die er in den Häfen der Straits Settlements: Penang und Singapore fand. 1864 ging Nienhuys zum ersten Male nach Penang, um Chinesen als Arbeiter anzuwerben. Dabei hatte er das Unglück, unverlässiges Menschenmaterial zu erhalten, denn gute Arbeiter fanden leicht in Malaya Arbeit und gingen nicht in ein völlig unbekanntes Gebiet. Im nächsten Jahre begab sich Nienhuys wiederum nach Penang und warb dort 120 Chinesen an [5]). Seinem Beispiel folgten die anderen Pflanzer, und es entwickelte sich der Brauch, durch Vermittlung der Kulimakler, den Bedarf an Arbeitskräften in Penang und Singapore zu decken. 1871 beschäftigten die Betriebe Delis etwa 3000 chinesische Kulis, von denen allein 1200 im Dienste der Deli Maatschapij standen [6]). 1876 wurde in den Straits Settlements die Einwanderung der Chinesen unter die Kontrolle des „Protector of Chinese‘ gestellt, und von diesem Jahre ab wurden alle Kontrakte für Ostsumatra, die inhaltlich den in den Straits geltenden glichen, unter seiner Aufsicht abgeschlossen [7]). Schon immer klagten die Pflanzer über die hohen Preise, die sie den Kulimaklern zahlen mußten. Es ist daher verständlich, daß sie versuchten, sich von ihnen freizumachen und unmittelbar in China die Leute anzuwerben. 1877—78 schlossen sich die Pflanzer Delis zusammen und versuchten 1880, Beziehungen mit chinesischen Behörden anzuknüpfen, um die Erlaubnis für die direkte Werbung zu erhalten. Sie hatten aber keinen Erfolg. Schon 1874 hatte die Deli Maatschappij versucht, eine direkte Werbung einzuführen. Ihr Hauptadministrator Cremer war 1875 persönlich in

[4]) Nr. 163: Verslag 1931, S. 72—73.
[5]) Nr. 137: Broersma I. Bd., S. 33.
[6]) Nr. 137: Broersma, I. Bd., S. 33.
[7]) Nr. 144: Endt, S. 79.

China gewesen, um die Schwierigkeiten aus dem Wege zu räumen. Der Versuch scheiterte am Widerstand der chinesischen Regierung [8]). Da die Makler bei steigender Nachfrage in ungerechtfertigter Weise die Preise in die Höhe trieben, vereinbarten die Pflanzer im März 1885, vom 1. Mai bis 1. November nicht mehr als 50 Dollar für einen Kuli zu zahlen [9]). Einzelne Unternehmer durchbrachen die Abmachung, da nicht genügend neue Arbeiter in Deli ankamen. In diesem Augenblick verlangten die Makler 75 bis 120 Dollar pro Kopf je nach der Stammeszugehörigkeit des Arbeiters. Nun antworteten die Pflanzer mit erneuten Bemühungen um die Erlaubnis einer direkten Werbung. Nach langen Verhandlungen mit dem Vertreter der großen Pflanzungsunternehmungen, sowie dem deutschen Konsul in Canton Budler und dem Vizekonsul in Swatau, Freiherrn von Seckendorff, gaben die Unterkönige von Kwangtung und Fukien im April ihre Zustimmung zur direkten Auswanderung nach Deli [10]). Im Juli 1888 beschloß die Pflanzervereinigung Delis (Deli Planters Vereeniging — D.P.V.), einem Antrage der 5 großen Gesellschaften Deli-Mij., Deli-Batavia Mij., Mij. Arendsburg, Amsterdam-Deli Cie. und Naeher & Grob folgend, ein Emigrantenbüro in Medan einzurichten, das heute noch arbeitet. Dieses Büro hat die Aufgabe, die direkte Auswanderung von China nach Deli zu organisieren, zu fördern, die Machenschaften der Makler zu bekämpfen und für den Fall, daß aus Südchina nicht genügend Kulis zu erhalten sind, solche aus den Straits kommen zu lassen. Das Immigrantenbüro überwacht alle Vorgänge in den Hauptauswanderungsdistrikten. Bei der geringsten Stockung werden Vertreter nach Swatau geschickt, die die Aufgabe haben, die Ursachen des Rückganges zu untersuchen und darüber zu berichten [11]).

Das Büro wurde bis zum Weltkrieg in den Häfen Amoy, Swatau, Hoihow, Pakhoi und Hongkong durch die deutsche Firma Lauts und Haeslop vertreten [12]). 1915 errichtete die D.P.V. in Swatau eine eigene Agentur, die 1920 nach Honkong verlegt wurde, da die dauernden kriegerischen Verwirrungen die Arbeit sehr erschwerten [13]).

b) Die Werbung von chinesischen Arbeitern.

Bei der Betrachtung der chinesischen Einwanderung in die Straits Settlements wurden schon die Arbeits- und Werbemethoden der Makler geschildert. Das dort Gesagte hat auch für Deli bis zum Jahre 1888 und in beschränktem Umfange bis etwa zur Jahrhundertwende Geltung. Nach 1890 werden in den Straits keine

---

[8]) Nr. 144: Endt, S. 79.
[9]) Nr. 97: Sandick, S. 225.
[10]) Nr. 97: Sandick, S. 325.
[11]) Solche Berichte werden nicht veröffentlicht. Ich hatte Gelegenheit, im „Ostkust van Sumatra-Instituut“ solche maschinenschriftl. Berichte einzusehen.
[12]) Nr. 165: Weigand, S. 124.
[13]) Nr. 140: D.P.V. Gedenkbook.

Kuli mehr für die D.P.V. angeworben [14]). Die zweite Art ist die der direkten Werbung seitens des Immigrantenbüros der D.P.V. durch Vermittlung der Firma Lauts und Haeslop [15]). Die einzelnen Pflanzungen teilen dem Büro ihren Bedarf an Kulis mit. Dieses gibt dann der Firma L. u. H. den Auftrag, in den Häfen Südchinas, besonders in Swatau, die Werbung durchzuführen. Die Werbung wird durch chinesische Agenten ausgeübt, die im Dienste der Vertretung des Büros stehen und die Auswanderer, die sie im Innern des Landes gesucht oder in den „Hongs" (Unterkunftshäuser für Arbeitsuchende) angetroffen haben, der Firma zuführen, die dann den Transport nach Deli veranlaßt. 1905 bestanden in Swatau ungefähr 20 „Hongs", die ausschließlich für Deli unter der Kontrolle von L. u. H. arbeiteten. Diese Hongs senden ihrerseits häufig Werber ins Land [16]).

Neben dieser Art der Werbung gibt es noch eine andere Methode: die „Laukeh-Werbung". Laukeh nennt man einen Chinesen, der seine vorgeschriebene Zeit auf einer Plantage in Deli als Kuli gearbeitet hat. Solche Leute werden von der Plantagenleitung in die Heimat geschickt, um dort unter den Verwandten und Stammesangehörigen zu werben. Seit 1904 und erneut 1906 besteht eine Verabredung unter den Pflanzern, neben den in die Heimat zurückkehrenden Kulis auch noch 5% der Laukehs als Werber nach China zu schicken, die dann später mit den Angeworbenen nach Deli zurückkommen [17]).

Die einwandernden chinesischen Kulis werden in zwei Klassen eingeteilt, und nach der Klasse richtet sich der Preis, der für sie gezahlt wird. Zur ersten Klasse gehören die Tiu Chiu, Lokhong, Haihong [18]) und Hokkiens, zur zweiten die Hakka und die Bewohner der Insel Hainan. Die Kulis der zweiten Klasse sind für die viel Sorgfalt erfordernde Arbeit auf den Tabakfeldern nicht so geeignet und werden daher weniger geschätzt. Für einen Sinkeh erster Klasse wurden vor dem Kriege, etwa 1910, 66 Straits-Dollars = 93 Gulden gezahlt. Für einen zweiter Klasse 49 Straits-Dollars = 69 Gulden [19]).

c) Herkunftsgebiete der Einwanderer.

Die Tatsache, daß der Hafen Swatau die Hauptbedeutung hat, läßt uns vermuten, daß aus seinem Einzugsgebiet die meisten Kulis kommen. Die Mehrzahl der Arbeiter stammt aus dem Gebiete zwischen Amoy und der Ebene von Canton, vor allen Dingen aber aus den zu dem Distrikte Tschau-tschou-fu gehörigen Kreisen Jau-ping, Pu-ning, Tschau-yang, Hu-lai und Kie-yjang. In dem

[14]) Nr. 165: Weigand, S. 127.
[15]) Der Einfachheit wegen wird im Folgenden immer nur die Firma L. u. H. angeführt, wobei zu beachten ist, daß sie nur bis 1914 arbeitete.
[16]) Nr. 157: Stecher.
[17]) Nr. 165: Weigand, S. 128.
[18]) Unter „Lokhong" versteht man Leute aus dem Distrikte Lu-föng, unter „Haihong" solche aus dem Distrikte Hai-föng.
[19]) Nr. 165: Weigand, S. 129.

Bezirke Hui-tschou-fu sind es die Kreise Lu-föng und Hai-föng. In der Provinz Fukien stellt der Kreis Tschau-an des Bezirkes Tschang-tschou-fu Auswanderer. Weiter wird die Werbung in geringerem Umfange in den Bezirken Lei-tschou-fu und Kau-tschou-fu im Südwesten Kwangtungs durchgeführt [20]).

d) Die Größe der Einwanderung und ihr Weg.

Der Jahresbericht der D.P.V. bringt eine Statistik über die Größe der unter der Obhut dieser Organisation erfolgten chinesischen Einwanderung [21]). Da auf der einen Seite nur Tabakplantagen Chinesen beschäftigen und auf der anderen Seite die D.P.V. alle bedeutenden Tabakpflanzungen zusammenfaßt, so haben wir die Wahrscheinlichkeit, daß nahezu die gesamte chinesische Arbeitereinwanderung durch die uns zur Verfügung stehende Statistik erfaßt ist. Die nicht der D.P.V. angeschlossenen Unternehmungen werben ihre Leute in den Straits Settlements und nehmen auch solche Kulis in ihre Dienste, die ihre Kontraktzeit beendet haben und ihren Arbeitsplatz wechseln wollen [22]).

In den Jahren 1888—1931 sind in Belawan, dem Hafen für Deli und die ganze Provinz Ostsumatra, 303 000 chinesische Passagiere gelandet und auf Pflanzungen der D.P.V. gebracht worden (vgl. Tab. V). In dieser Zahl sind Frauen, Kinder, Laukeh-Werber und Sinkeh einbegriffen. Die letzteren stellten 246 500, von denen 8300 aus Penang, 10 600 aus Singapore und 227 600 unmittelbar aus chinesischen Häfen eintrafen. In derselben Zeit kehrten 117800 nach China zurück. Im Durchschnitt kamen jährlich 6930 Personen und es gingen 2670. Die D.P.V. stellte am 31. Dezember 1931 die Werbung in China ein [23]).

Zu Anfang der direkten Einwanderung wurden die Auswanderer in Schiffen nach Deli gebracht, die für eine oder mehrere Fahrten gechartert waren [24]). Von 1890 bis 1904 fuhren zwei Schiffe der Asiatischen Küstenschiffahrts-Gesellschaft in Hamburg zwischen Deli und Swatau. Diese Firma war in Hongkong durch die Firma Meyer & Co. vertreten, die auch mit dem Immigrantenbüro der D.P.V. einen Vertrag abgeschlossen hatte [25]). 1904 wurde der Vertrag mit Meyer & Co. nicht mehr erneuert [26]). Von 1904 bis 1914 führte die deutsche Firma Jebsen & Co., die besonders eingerichtete Schiffe zwischen Deli und Swatau verkehren ließ, den Kulitransport durch. Die D.P.V. zahlte als Unterstützung der Firma zu jeder Fahrt 9000 Dollar, die Passagekosten betrugen pro Kopf 6,50 Dollar [27]). Bei Ausbruch des Krieges mußte die Firma Jebsen

---

[20]) Nr. 141: D. P. V. Jaarverslag 1931.
[21]) Nr. 141: D. P. V. Jaarverslag 1931, Tab. im Anhang.
[22]) Nr. 137: Broersma I. Bd., S. 243.
[23]) Nr. 156: Oostkust van S. I.: Kroniek. 1931, S. 74.
[24]) Nr. 165: Weigand, S. 126.
[25]) Nr. 140: D. P. V. Gedenkbook, S. 53.
[26]) Nr. 165: Weigand, S. 126.
[27]) Nr. 140: D. P. V. Gedenkbook, S. 53.

ihre Schiffe stillegen, und es übernahm die K.P.M. (Koninklijke Paketvaart Maatschappij) den Transport.

Fassen wir zusammen: Ausgangshafen ist bis 1920 Swatau, seitdem Hongkong; neben diesen beiden haben die anderen Häfen Südchinas keine Bedeutung. Die Fahrt führt sofort nach Belawan an der Küste Ostsumatras. Von dort werden die Kulis mit der Bahn nach Medan befördert, wo das Immigrantenbüro Unterkunftgelegenheiten für die Einwanderer bereithält. Sie bleiben bis zur Erledigung sämtlicher Formalitäten und bis zur Unterzeichnung des Arbeitskontraktes in Medan und werden dann auf die Pflanzungen gebracht, für die sie bestimmt sind.

e) Der Anteil der Frauen an der Einwanderung.

Seit jeher besteht in Ostsumatra unter den Chinesen ein starkes Mißverhältnis zwischen den Geschlechtern. 1920 standen 107730 Männer 26 020 Frauen gegenüber, 1930: 134 220 Männer 57 670 Frauen. Auffallend an diesen beiden Zahlenpaaren ist die erfreuliche Tatsache, daß die Zahl der Frauen in dem Dezennium 1920 bis 1930 sich bedeutend stärker erhöht hat als die der Männer, eine Erscheinung, die wir auch in Britisch-Malaya beobachten und die darauf zurückzuführen ist, daß heute bedeutend mehr Chinesen die Absicht haben, für eine längere Zeitspanne im Auslande zu bleiben. Sie bringen also ihre Frauen mit nach Ostsumatra oder lassen sie nachkommen. Allerdings sind es meist die Frauen von Handwerkern, Händlern, Tandilen usw., die ihren Männern ins Ausland folgen. Kulis kommen auch heute noch fast ausschließlich ohne Frauen.

f) Die Verwendung der chinesischen Kulis.

Nicht in allen Plantagen Ostsumatras werden chinesische Arbeiter beschäftigt. Dafür ist der Chinese ein viel zu anspruchsvoller und sehr schwer zu behandelnder Arbeiter. Bis in die allerjüngste Zeit war der Chinese auf den Tabakplantagen ebenso unentbehrlich wie in den ersten Jahren des Tabakanbaues in Sumatra. Er gilt als der beste Tabakpflanzer. Auf Tabakplantagen braucht man Inder, Javanen, Battaker usw. zu den Nebenarbeiten, man verwendet sie zum Schlagen des Waldes, zu Wege- und Deichanlagen, Drainierungen, zum Bauen von Häusern und Fermentierscheunen und als Ochsentreiber.

Die chinesischen Kulis werden in Gruppen von 30—40 Köpfen zusammengefaßt und stehen unter einem Tandil. Der Tandil ist der Aufseher und entspricht dem Kangani in Ceylon. Jede Plantage hat eine Reihe von Tandilen, die unter einem Haupttandil stehen. Man verhandelt nie mit den Arbeitern, sondern mit dem Haupttandil und höchstens noch mit den Tandilen.

Man scheidet die Chinesen in „Hilfs"- und „Feldkulis", je nach den pflanzerischen Fähigkeiten und der Erfahrung in der Pflege der Tabakpflanze. Unter Feldkuli versteht man einen Kuli, dem ein Tabakfeld anvertraut ist, auf dem er alle während der Wachstumszeit auszuführenden Arbeiten vornimmt. Ein Hilfskuli ist ein Sinkeh, der seinen Kontrakt abdient, ohne daß ihm ein Feld anvertraut werden kann. Der Feldkuli ist die wichtigste Person. Er übernimmt bei Beginn der Saison ein Areal bestimmter Größe (7/10 ha), bepflanzt es mit Tabakpflänzchen, die man ihm stellt, und pflegt das Feld und die Pflanzen bis zur Ernte. Die ausgewachsenen Pflanzen liefert er in der Fermentierscheune ab. Die Berechnung seines Lohnes gründet sich auf der Stückzahl und der Qualität der Blätter der abgelieferten Pflanzen [28]).

In allerjüngster Zeit ist in der Beurteilung der Eignung der Javanen für die Arbeit auf einer Tabakpflanzung eine Änderung eingetreten. Man ist seit etwa 1928/29 dazu übergegangen, aus den Massen der javanischen Plantagenarbeiter die besten Kräfte auszusuchen und sie als „Feldkuli“ zu verwenden. So berichtet Dootjes in der Chronik des Institutes für die Ostküste von Sumatra, daß im Jahre 1930 verschiedene Gesellschaften ihre chinesischen Feldkulis durch Javanen ersetzten.

Es arbeiteten auf Tabakpflanzungen:

1930: 21 158 Chinesen und 5 141 Javanen } als „Feldkulis“ [29]).
1931: 18 990 Chinesen und 6 209 Javanen }

Eine ganz wichtige Änderung! Sie bedeutet das Aufgeben eines Prinzips, das mehr als 60 Jahre Geltung hat. Da die D.P.V. 1931 die Werbung in Südchina eingestellt hat, wäre es durchaus möglich, daß bei der augenblicklichen Einstellung der Chinese allmählich auf den Tabakplantagen dem Javanen weichen müßte.

Die übrigen Chinesen verteilen sich auf die verschiedensten Berufe ähnlich wie in Malaya; sie sind Dienstboten, Handwerker, Händler, Kaufleute, Fischer, Bauern, Gärtner und Pflanzer.

Als Arbeiter finden wir den Chinesen noch in größerer Anzahl in Niederländisch-Indien im Bergbau beschäftigt.

B. Banka und Billiton.

Niederländisch-Indien ist einer der bedeutendsten Zinnlieferanten der Welt. Das Zinn wird in der Hauptsache auf den beiden Inseln Banka und Billiton gewonnen, die damit ein weiteres Arbeiterbedarfsgebiet bilden.

Wie in Britisch-Malaya ist auf den beiden genannten Inseln der Chinese als Bergmann auch heute noch unersetzlich. Er stellt fast die gesamten Arbeitskräfte.

Nach dem Zensus von 1930 hat Banka mit den zugehörigen Inseln eine Gesamtbevölkerung von 205 000, von denen 96 000 Chinesen sind, nämlich 66 000 Männer und 30 000 Frauen [30]). Die Männer sind längst nicht alle im Bergbau tätig, sondern nur 18323, von denen 15 089 Kontrakt- und 3 323 freie Arbeiter sind (1. Ja-

[28]) Nr. 160: Sternberg, S. 41.
[29]) Nr. 156: Oostkust van S. I.: Kroniek. 1931, S. 74.
[30]) Nr. 151: Indisch Verslag 1931, S. 14.

nuar 1931)[31]. Die übrigen sind Pfefferpflanzer, Handwerker, Gartenbauer, Schweinezüchter und Fischer[32].

Die Arbeiter werden fast ausschließlich in China von chinesischen Werbern gewonnen, die im Auftrage von chinesischen Händlern und Kaufleuten in Muntok, dem Haupthafen Bankas, arbeiten. Die Arbeiter erhalten freie Fahrt von der Heimat bis nach Muntok. Sie verpflichten sich meist zur Arbeitsleistung für 360 Tage und Zurückzahlung eines Teilbetrages der für sie an den Makler bezahlten Summe. Nach Beendigung des Kontraktes hat der Arbeiter Anspruch auf kostenlosen Rücktransport. Sehr viele verlängern aber ihren Aufenthalt, um es wirklich zu Ersparnissen zu bringen. Bis zum Beginn dieses Jahrhunderts noch kamen die Kulis meist in chinesischen Booten in 9—12 Tagen aus Südchina, und zwar in den Monaten Dezember und Januar. Die wichtigsten Werbegebiete für Banka liegen in den Bezirken Lei-tschou-fu im Südwesten und in Kia-ying-tschou im Osten der Provinz Kwangtung.

Billiton hatte 1851, dem Jahre der Entdeckung der Zinnlager, 28 Chinesen. Im darauffolgenden Jahre kamen die ersten für die Grubenarbeit angeworbenen Arbeiter an. Seitdem herrscht bis auf den heutigen Tag ein stetes Kommen und Gehen. Die Insel hat nach der Zählung von 1930 eine Gesamtbevölkerung von 73 000 von denen 28 000 Chinesen sind, 22 000 Männer und 6000 Frauen. Am 1. Januar 1931 zählte man 14 275 chinesische Zinngräber, von denen 14 218 Kontraktarbeiter waren[33].

Die Chinesen stammen durchweg aus dem Hakka-Gebiet und sind meist Bauern. Die nach Billiton gehenden Arbeiter versammeln sich in kontrollierten Kosthäusern (Hongs) in Swatau und Hongkong. Durch Vermittlung der Agenturen der Niederländisch-Indischen Handelsbank werden sie nach einer ärztlichen Untersuchung durch Dampfer der Java-China-Japan-Linie nach Billiton gebracht. Die Rückwanderung erfolgt meist in den Monaten Juni bis Juli auf Dampfern der oben genannten Linie.

---

[31]) Nr. 151: Indisch Verslag 1931, S. 222.
[32]) Nr. 97: Sandick, S. 363.
[33]) Nr. 151: Indisch Verslag 1931, S. 222.

Kap. VIII.

Java als Herkunftsgebiet von Arbeitskräften und seine Bedeutung für die Außenbesitzungen.

A. Java als Überschußgebiet von Arbeitskräften.

Das dritte menschenreiche Gebiet, das den Unternehmungen Südostasiens die notwendigen Arbeitskräfte liefert, ist Java.

Java, die kleinste der vier großen Sunda-Inseln, das bei seiner Größe von 132 274 qkm 40 889 500 Bewohner hat, hat eine Durchschnittsdichte von 314,5 pro qkm [1]). Wie aber aus einer Karte, dem Berichte über die Volkszählung 1930 [2]) beigegeben, ersichtlich ist, hat Mitteljava eine bedeutend höhere Dichte als West- und Ostjava. In den letzten 130 Jahren hat sich die Bevölkerung Javas verzehnfacht, wenn man für das Jahr 1800 eine Bevölkerung von 4 Millionen annimmt [3]). Die Dichte Javas ist seit 1860 in folgender Weise angestiegen: 1860: 94; 1880: 149; 1900: 216; 1920: 262; 1930: 314 [4]). Ein einzig dastehendes Anwachsen der Bevölkerung in den Tropen, das die Holländer vor eine Unmenge von schweren Problemen gestellt hat. Dabei sind nicht etwa große Industrien entstanden, die den Bevölkerungsüberschuß aufgenommen hätten, sondern in steigendem Maße ist bis dahin landwirtschaftlich ungenutzter Boden in Kultur genommen worden. Weitaus der größte Teil der Bevölkerung gewinnt seinen Lebensunterhalt durch Ackerbau. 1896 waren 67% der erwachsenen männlichen Bevölkerung ausschließlich in der Landwirtschaft tätig, dazu kamen noch weitere 15%, bei denen der Ackerbau die Hauptbeschäftigung bot [5]). 1905 waren rund 71% von der Landwirtschaft abhängig, davon 59% ganz ausschließlich [6]). 1920 bezogen noch 52% ihr Einkommen ausschließlich aus ihrer Tätigkeit in der Landwirtschaft [7]).

Was bei einem Vergleich der 3 Jahre 1896, 1905 und 1920 auffällt, ist das stete prozentuale Zurückgehen der in der Landwirt-

---

[1]) Nr. 151 u. 152: Indisch Verslag 1931, 1932.
[2]) Nr. 164: Volkstelling 1930, Voorloopige Uitkomsten.
[3]) Nr. 161: Valkenburg, S. 566.
[4]) Nr. 143: Van Eerde.
[5]) Nr. 142: Deventer, zitiert nach Peterm. M. 1906, Lit.-Ber. Nr. 860.
[6]) Nr. 149: van Hinte, S. 350.
[7]) Nr. 150: Huender, S. 10.

schaft tätigen Bevölkerung. Die Angaben über die hohen Dichten und die steigende Zahl derjenigen, für die in der Landwirtschaft keine Beschäftigungsmöglichkeit vorhanden ist, lassen die Frage nach der Übervölkerung Javas aufkommen. Überbevölkerung ist ein relativer Begriff. Sie ist nicht dann als gegeben anzusehen, wenn eine bestimmte Größe der Dichte überschritten ist, sondern es sind die verschiedenen Faktoren zu beachten, so z.B. wirtschaftliche Struktur, Produktionsmöglichkeiten, Zahl der jährlichen Ernten und Lebensstandard. Man kann aber sagen, daß dann eine Überbevölkerung vorhanden ist, wenn ein Teil der Bevölkerung in normalen Zeiten trotz Anspannung aller Kräfte Schwierigkeiten hat, das Existenzminimum zu erreichen [8]).

Berücksichtigen wir, daß Java in überwiegendem Maße ein Agrarland ist, so liegt die Annahme sehr nahe, daß es tatsächlich überbevölkert ist. Für diese Vermutung erhalten wir eine Reihe von Bestätigungen. Heute ist nahezu der ganze kulturfähige Boden in Bearbeitung. Bei dem starken Anwachsen der Bevölkerung ist der Grundbesitz sehr geteilt und zerstückelt worden. Dieser Vorgang geht weiter und hat dazu geführt, daß wir eine große Anzahl von Bauern finden, deren Grundbesitz nicht mehr ausreicht, um die Familie zu ernähren.

Die holländische Verwaltung sieht dann ein Gebiet als überbevölkert an, wenn in ihm ein niedriger Lebensstandard, Kleinbesitz, eine zunehmende Anzahl von Landlosen, ein jährliches Auswandern, sei es für dauernd, sei es für kurze Zeit, und eine hohe Bevölkerungsdichte vorhanden sind.

Welche Maßnahmen trifft nun die holländische Verwaltung, um einen Ausgleich für den wachsenden Bevölkerungsdruck herbeizuführen, und welche hat sie getroffen? Die Holländer haben die Landwirtschaft der Eingeborenen zu heben versucht, den Reisbau intensiviert, den Anbau von lohnenden Nutzpflanzen für den Welthandel gefördert (Tabak, Tee, Kaffee, Kopra, Mais und Kassave). Weiter haben sie große Bewässerungsanlagen geschaffen und schließlich durch die Verpflanzung von Javanen innerhalb Javas der Überbevölkerung zu begegnen versucht. Den Versuchen, Javanen in den Außenbesitzungen anzusiedeln, hat man sehr viele Aufmerksamkeit geschenkt. Doch sind sie häufig Fehlschläge gewesen, da der Javane zu sehr an seiner Heimat hängt.

Uns interessiert nun, nachdem wir die wirtschaftliche Lage der javanischen Bevölkerung gestreift haben, die Frage nach der Versorgung der Plantagen auf Java und in den Außenbesitzungen mit Arbeitskräften.

Wie aus den bisherigen Ausführungen zu entnehmen war, liegen die Verhältnisse in Java äußerst günstig. Ja, die Plantagen Javas stehen einzig da, was die Deckung des Arbeiterbedarfes angeht. Während wir sonst in Plantagengebieten geringe Dichten oder aber eine arbeitsunwillige Bevölkerung haben, finden wir auf Java ein Überangebot menschlicher Arbeitskraft. Die Planta-

---

[8]) Nr. 139: Burger, S. 86/87.

gen können meist aus den umliegenden Dörfern die notwendigen Leute anwerben. Da in Java kein europäisches Unternehmen Boden von den Eingeborenen kaufen, sondern nur pachten kann, so nehmen sie auch meist die Besitzer des Bodens als Arbeiter an. Eine jede Plantage hat einen festen Stamm von Leuten, die auf ihr im „Unternehmungskampong" selbst wohnen. Darüber hinaus werden bei verstärktem Bedarfe (Ernte, Aussaat) Saisonarbeiter in der Umgebung angeworben. Im weniger dichtbesiedelten Westjava ist es den in größeren Höhen gelegenen Plantagen nicht immer möglich, die Belegschaft aus den in der Nähe gelegenen Dörfern zu beziehen. In diesen Fällen richten sie Arbeiterdörfer ein, in denen sie Dauerarbeiter ansiedeln, die aus benachbarten Provinzen kommen. Über die zahlenmäßige Größe der javanischen Plantagenarbeiterschaft läßt sich kaum etwas sagen, da sie nicht so überwacht wird, wie das in den Außenbesitzungen der Fall ist. Nur für die Zuckerindustrie fand sich eine Angabe. 1930 waren in ihr 130 000 Javanen beschäftigt, davon 34 600 als Dauerarbeiter und 95 400 als Saisonarbeiter [9]).

Wie schwierig die Lösung der Arbeiterfrage in den Außenbesitzungen, besonders in dem Hauptplantagengebiet an der Ostküste von Sumatra in der Provinz gleichen Namens ist, haben wir schon im vorigen Kapitel gesehen.

B. Die javanische Einwanderung in Ostsumatra.

Das zweite Arbeiterrekrutierungsgebiet für Ostsumatra ist die Insel Java. Die wirtschaftlichen Gründe, die einen Teil der Javanen zwingen, den Lebensunterhalt fern der Heimat zu suchen, wurden schon erwähnt. Im Folgenden soll auf die Bedeutung der Javanen für die Plantagenindustrie der Außenbesitzungen, im besonderen für Ostsumatra, eingegangen werden.

In den ersten Jahrzehnten der Entwicklung Delis schenkte man dem Javanen kaum Beachtung. Einmal war der Chinese nach der Meinung der Pflanzer die beste Arbeitskraft für Tabakplantagen. Zum anderen war es in dieser Zeit bedeutend leichter, in den nahegelegenen Straits Chinesen anzuwerben, die dort schon auf Arbeitgeber warteten, als Javanen, bei denen man viele Überredungskünste anwenden mußte, ehe sie sich bereitfanden, die Heimat zu verlassen, denn in diesen Jahren war der Bevölkerungsdruck Javas noch weit geringer (1880: 19,5 Millionen — Dichte 148) [10]). Es kamen zwar schon um 1870 Javanen ins Land, ihre Zahl stieg aber erst nach 1890 ein wenig an. Die Deli-Batavia Maatschappij machte zuerst in größerem Umfang Gebrauch von javanischen Arbeitern. Mit dem Aufkommen des Kautschukanbaues und des damit verbundenen außerordentlich stark anwachsenden Arbeiterbedarfes gewann der Javane die große Bedeutung, die er heute besitzt.

[9]) Nr. 151: Indisch Verslag 1931, S. 220.
[10]) Nr. 142: Deventer, S. 6.

a) Methoden der Werbung.

Wir können bei der Arbeiterwerbung in Java vier verschiedene Arten unterscheiden:

1) Berufswerbung [11]),
2) Werbung durch Pflanzervereinigungen (Eigenwerbung),
3) Werbung durch Laukehs,
4) „Freie Auswanderung".

Im ersten Jahrzehnt, bis zu Beginn des 20. Jahrhunderts, solange die Nachfrage nach javanischen Arbeitern noch gering war, bezogen die Pflanzer ihre Arbeiter aus Java ausschließlich durch Firmen, die sich nur mit der Anwerbung und Versendung von Arbeitern befaßten [12]). Diese Firmen arbeiteten mit Agenten, die nur ein Interesse an der Zahl der Angeworbenen, nicht an deren Qualität hatten. So warben sie meist recht zweifelhafte Individuen, verkrachte Existenzen an, denen der heimatliche Boden zu heiß geworden war. Sie nahmen es auch nicht sehr genau mit der Wahrheit bei der Schilderung des Lebens und der Arbeit, die den Auswanderer auf den Plantagen erwarteten. Durch die Methoden der Werber kam Deli sehr bald in einen üblen Ruf. Nur der Abschaum Javas fand sich etwa um das Jahr 1905 bereit, einen Arbeitskontrakt zu schließen und in die Außenbesitzungen zu ziehen. Daher klagten die Pflanzer sehr über das Arbeitermaterial, das ihnen von den Werbekontoren gegen hohe Preise geliefert wurde.

Es ist daher verständlich, daß die D.P.V., die unter sehr viel schwierigeren Umständen eine Ausschaltung der Makler Penangs und Singapores fertiggebracht hatte, nun den Plan faßte, auch in Java die Werbung selbst in die Hand zu nehmen. Der letzte Anstoß kam, wie in den Straits, durch die Preissteigerungen der Makler, die die Konjunktur ausnutzen wollten. In einer Zeit, in der durch Kautschuk riesige Gewinnmöglichkeiten geboten wurden, waren immer einige Unternehmer da, die trotz gegenteiliger Abmachungen höhere Preise zahlten, nur um in der Lage zu sein, das bepflanzte Areal zu vergrößern. Daraus erklärt sich die große Schwierigkeit eines einheitlichen Vorgehens der Pflanzer, aus dem die Werbekontore ihren Vorteil zogen.

Neben der D.P.V., die in der Hauptsache die Interessen der Tabakpflanzer vertritt, entstand in dieser Zeit (1910) eine neue Pflanzervereinigung, die vor allen Dingen die Kautschukpflanzer zusammenfaßt. Sie erhielt den Namen „Allgemeene Vereeniging van Rubberplanter ter Oostkust van Sumatra", in der Abkürzung A.V.R.O.S. [13]).

Die beiden Verbände D.P.V. und A.V.R.O.S. suchten zunächst getrennt eine „E i g e n w e r b u n g" mit eigenen Büros und eige-

---

[11]) Die Berufswerbung ist seit dem 1. 2. 1930 nicht mehr erlaubt.

[12]) Bedeutend war die Firma Soesman in Semarang. Sie versandte z. B. von 1894—1904 32 389 Kulis.

[13]) Nr. 137: Broersma, II. Bd., S. 37.

nem Personal ins Leben zu rufen. Dezember 1915 wurde die Eigenwerbung der Pflanzerberufsorganisationen durch entsprechende Bestimmungen in der Werbungsordonnanz sanktioniert[14]). „Die Eigenwerbung hat den großen Vorteil, daß sie in Händen von den durch den Arbeitgeber angestellten Personen liegt, die für ihre Werbungsarbeit eine feste Entlöhnung erhalten, und für sie deshalb das Ermuntern zur Auswanderung kein Handelsgeschäft ist, wie es bei der Berufswerbung tatsächlich zutrifft und zu mancherlei ärgerlichen Mißständen geführt hat“ [15]). Am 1. Mai 1916 vereinigten sich die beiden großen Verbände zum Zwecke der Eigenwerbung unter dem Namen „Allgemeen Delisch Emigratie-Kantoor“ kurz „A.D.E.K.“. Zunächst übernimmt A.D.E.K. das größte private Werbekontor auf Java, die Firma Soesmann in Semarang. 1919 errichtete es eigene Gebäude in Weltevreden und Soerabaja, weiter eigene Depots im Innern des Landes und beschäftigt nur eigenes Personal[16]). Heute hat A.D.E.K. ein Netz von Depots auf Java, die jeweils zu einem der vier Hauptkontore, Weltevreden, Meester Cornelis, Semarang und Soerabaja gehören. Die Hauptwerbegebiete liegen in Mitteljava etwa östlich der Linie Tegal-Tjilatjar und westlich der Linie Bangil—Malang. Im äußersten Westen (westlich von Weltevreden—Buitenzorg) wie in Ostjava gibt es keine Depots. Die meisten gehören zu den Hauptkontoren Soerabaja und Semarang.

Die dritte Art, Kulis in Java anzuwerben, ist die sogenannte „Laukehwerbung“, die wir schon bei der Behandlung der chinesischen Einwanderung kennen gelernt haben.

Aus der Laukehwerbung hat sich allmählich die sogenannte „Freie Auswanderung“ — „Vrije Emigratie van D.P.V. en A.V.R.O.S.“ entwickelt. Das Neue liegt darin, daß dem werbenden Laukeh keine Prämien mehr gezahlt werden für die durch ihn zur Auswanderung veranlaßten Arbeiter[17]). „Das Ziel der V.E.D.K. (Vrije Emigratie van D.P.V. en A.V.R.O.S.) ist das Inslebenrufen eines geregelten Stromes von Arbeitern, die aus freiem Willen nach den ihr angeschlossenen Unternehmungen auswandern. Es müssen an geregelte Arbeit gewöhnte Dessa-Leute sein, die mit Wissen und Zustimmung des Dorfoberhauptes und der Verwandten das Dorf verlassen, um auf den Unternehmungen ihre Existenzbedingungen zu verbessern“ [18]). Das Hauptkontor der V.D.E.K. liegt in Semarang, ihm unterstehen die „Bijkantore“

---

[14]) Nr. 137: Broersma, II. Bd., S. 152.
[15]) Nr. 160: Sternberg, S. 30.
[16]) Nr. 137: Broersma, II. Bd., S. 153.
[17]) Nr. 139: Burger, S. 107.
[18]) „Het doel der V. E. D. A. is het in het leven roepen van een geregelden stroom van uit vrijen wil naar de bij haar aangesloten ondernemingen emigreerenden Javaansche arbeiders van goed gehalte, d. z. aan geregelde werk gewende desalieden, die met voorkennis van hun dorpshoofd en toestimming van ouders of dier vervangers hun dorp willen verlaten, oon op die ondernemingen hun bestaansvoorwaarden te verbeteren.“
Nr. 162: V. E. D. A., S. 1.

Poerworedjo, Poerwokerto, Madioen, Meester Cornelis und Bandoeng. Zu jedem der genannten Kontore gehört eine Anzahl von Depots. Die Werbung der V.E.D.A. beschränkt sich nahezu auf Mitteljava und da wieder auf die südlichen Residentschaften Banjoemas, Kedoe, Madioen und Kediri, sowie das Gouvernement Jogjakarta.

Das Besondere an dieser Art der Werbung ist der Umstand, daß ein finanzielles Interesse irgendeiner Person weitgehendst ausgeschaltet ist, daß der Kuli selbst entscheidet, zu welcher Plantage er gehen will. Das ist bei den ersten beiden Arten nicht möglich, sondern da bestimmt das Kontor über den Bestimmungsort eines Arbeiters. Die Kulis sind nicht dazu verpflichtet, den Arbeitskontrakt vor Verlassen des javanischen Bodens abzuschließen, wie das bei den auf eine andere Art angeworbenen Arbeitern der Fall ist. Dieses ist eine bedeutende Erleichterung, denn schon immer war es ein großer Makel in den Augen der Javanen, unter den Bestimmungen der Kuliordonnanz die Heimat zu verlassen. Die Kontrakte werden erst in Sumatra geschlossen. Die Kosten, die bei dieser Art der Gewinnung von Arbeitskräften der Plantage entstehen, sind bedeutend geringer als bei allen anderen Arten. 1920 beliefen sie sich auf 50 Gulden, während in derselben Zeit ein durch Laukehwerbung aufgebrachter Arbeiter dem Unternehmen die doppelten Kosten verursachte" [19]). Sternberg gibt an, daß die Anwerbungskosten eines einzigen Kulis und die Unkosten für seinen Transport von Java nach der Plantage auf Sumatra 1928: fl. 125 oder 205 RM. betrugen [20]).

Es liegt im Interesse der Unternehmungen, den einzelnen Arbeiter möglichst lange zu behalten, um so die einmalige Auslage auf eine möglichst große Anzahl von Jahren verteilen zu können. Daß ihnen das wirklich gelingt, zeigt folgende Zusammenstellung vom 31. Mai 1929:

Anzahl der Kontraktanten bei den verschiedenen Gesellschaften.

Gesellschaft	Einw. Kontrakt	1. Wiederholung	2. Wiederholung	3. und weitere Wiederholung
		d. K.	d. K.	d. K.
D.P.V.	26 120	12 842	8 276	41 021
A.V.R.O.S.	72 782	26 183	9 809	36 824
Nicht angeschl. Untern.	5 715	1 607	1 223	2 377

Wie sich aus der Übersicht ergibt, bleiben viele Arbeiter recht lange auf der selben Plantage. Jeder Kuli, der 20 Jahre im Dienste

[19]) Nr. 137: Broersma, II. Bd., S. 155.
[20]) Nr. 160: Sternberg, S. 31.

einer Pflanzung gestanden hat, erhält eine monatliche Rente von fl. 7,50, jeder Hauptmandur fl. 30 [21]).

Wir sind aber erstaunt, wenn wir hören, mit welchen Mitteln solche Verlängerungen der Kontrakte erreicht werden. „Klage wird geführt über die Mittel, deren sich die Tandils und Mandure bedienen, um die Kulis zur Reengagierung zu bewegen (Würfelspiel, Freudenmädchen, Musik, die Organisierung einer Kirmes, auf der sich der Kuli berauschte und den sauer verdienten Lohn in wenigen Stunden verjubelte); der Retter in der finanziellen Not ist dann der Tandil, aber nur unter der Bedingung, daß der Kuli sich wieder für ein oder zwei oder drei Jahre reengagieren läßt" [22]). Ich weiß nicht, ob diese Klagen, die kurz vor dem Kriege erhoben wurden, alle heute noch Geltung haben.

b) Die Größe der Wanderbewegung.

Bei der Durchsicht der Tabelle VI fällt die starke Unbeständigkeit der Größe der Wanderbewegung auf. Es stehen nur Zahlen seit dem Jahre 1911 zur Verfügung, die in den Jahresberichten der Arbeitsinspektion Niederländisch-Indiens gegeben werden.

Drei Zeitabschnitte des Rückganges der Auswanderung wechseln mit zweien ab, in denen die Auswanderungsziffern stark anschwellen. Der Rückgang in den Jahren 1911—1914 hatte seine Ursache einmal in der Tatsache, daß in den Jahren vorher die Plantagen in Ostsumatra ihren Bedarf an Arbeitskräften gedeckt hatten, und daß Rationalisierungen in den Betrieben durchgeführt wurden. Weiter verursachte der Kriegsausbruch ein sofortiges Einstellen der Werbung. Mit dem Jahre 1915 beginnt ein Anwachsen der Auswanderung, das seine Begründung in der Neuanlage von Plantagen (Oel-, Kokos- und Teeplantagen) findet. Viele Kautschukplantagen können in diesen Jahren zum ersten Male zapfen. Die 1920 beginnende Krise in der Weltwirtschaft führt zu einer sehr starken Abdrosselung der Arbeiteranwerbung. Bei der in den folgenden Jahren auftretenden Belebung und Blüte verlangen die Plantagen wieder große Massen von Arbeitskräften. Seit 1929 ist der Umfang der Werbung auf ein Bruchteil zusammengeschrumpft. Nur allmählich nimmt die Zahl der nach Java zurückkehrenden Kulis zu, sie steigt besonders in Krisenjahren, in denen eine Einschränkung der Arbeiterschaft durchgeführt wird, um in Jahren einer gesteigerten Nachfrage nach Hilfskräften abzunehmen. Die Rückwanderung ist größer als die Auswanderung in den Jahren 1921—1923 und weiter seit 1930. 1931 wanderten z. B. noch nicht 500 Arbeiter nach Ostsumatra, während von dort 23 700 zurückkehrten.

Die wichtigsten Auswanderungshäfen sind Batavia, Semarang

[21]) Der Mandur entspricht dem Tandil, der Hauptmandur dem Haupttandil.
[22]) Nr. 144: Endt, S. 146.

und Soerabaja. Den Transport führt die K.P.M. (Koninklijke Paketvaart Maatschappij) in besonderen Schiffen aus, die zwischen den genannten Häfen und Belawan verkehren. Von den durch die A.D.E.K. in den Jahren 1916—1931 in einem Umfange von 509 600 nach Ostsumatra geschafften Kontraktarbeitern traten ihre Ausreise an:

in Batavia	174 780
in Semarang	87 930
in Soerabaja	246 890.

c) Die Verteilung der Auswanderer.

Wie sich die gesamten auswandernden Arbeiter auf die verschiedenen „Außenprovinzen" verteilen, zeigt folgende Zusammenstellung für die Jahre 1927—1930:

Auswanderung aus Java nach:

Provinz	1927	1928	1929	1930
Ostküste v. Sumatra	35 987	32 497	47 018	16 677
Lampong	3 815	2 104	1 292	693
Palembang	5 781	3 708	4 850	2 592
Djambi	—	—	—	—
Benkoelen	3 571	2 834	4 148	615
Westküste v. Sumatra	5 349	6 299	8 960	3 740
Tapanoeli	1 428	834	735	704
Atjeh	4 887	5 660	4 644	1 816
Riouw	1 345	579	984	182
Banka	141	251	154	120
Billiton	—	—	—	—
Westborneo	362	159	317	102
Süd- und Ostborneo	4 295	3 203	4 009	1 743
Manado	238	375	264	243
Celebes	50	40	—	—
Molukken	252	21	287	123
	67 510	58 963	77 662	29 350[23]).

Die Bedeutung des Plantagengebietes von Ostsumatra und seine große wirtschaftliche Überlegenheit über alle übrigen Teile des indischen Archipels, die ebenfalls Plantagenunternehmungen besitzen, ist deutlich zu erkennen (55—60% der Auswanderer), was auch durch folgende Zahlenreihen veranschaulicht wird, die uns die Anzahl der auf den Plantagen der Außenbesitzungen vorhandenen Arbeiter angibt.

---

[23]) Nr. 151: Indisch Verslag 1931, S. 227.

Die Kulibevölkerung auf den Plantagen der „Buitengewesten" am 1. Januar 1931.

Provinz	Kontrakt-Kulis	Freie Kulis	Total	Prozentsatz
Ostküste v. Sumatra	236 285	49 000	285 285	59,6
Lampong	4 962	7 768	12 730	2,7
Palembang	11 826	22 042	33 868	7,1
Djambi	—	1 237	1 237	0,2
Benkoelen	11 083	2 412	13 495	2,8
Westk. v. Sumatra	19 573	2 872	22 445	4,7
Tapanoeli	4 935	1 270	5 863	1,2
Atjeh	21 045	4 797	25 842	5,4
Riouw	3 630	4 371	8 001	1,7
Banka	15 623	3 542	19 166	4,0
Billiton	14 218	291	14 509	3,0
Westborneo	629	564	1 193	0,3
Süd- und Ostborneo	6 770	22 174	28 944	6,0
Manado	1 308	1 071	2 379	0,5
Celebes	39	467	506	0,1
Molukken	1 026	2 197	3 223	0,7
Bali und Lombok	—	230	230	—
	351 610	126 305	478 915	100,0[24]).

Ostsumatra besitzt nahezu 6/10 der gesamten Arbeiterschaft, sei sie nun kontraktlich gebunden oder frei. Keine andere Provinz vereinigt auch nur 10% auf sich.

d) Die Zusammensetzung der Arbeiterschaft in den Außenbesitzungen, insbesondere in Ostsumatra.

Für die Jahre vor 1904, dem Jahre der Einrichtung der Arbeitsinspektion in Niederländisch-Indien, haben wir nur vereinzelte Angaben über die Zusammensetzung der Arbeiterschaft auf den Plantagen Ostsumatras.

Viele Jahre galt der Chinese als die Hauptarbeitskraft, während man Andere nur zu Nebenarbeiten verwendete.

In Ostsumatra gab es unter den Kontraktarbeitern:

Jahr	Chinesen	Inder	Javanen
1883	21 136	1 528	1 771
1893	41 700	2 000	18 000
1898	50 846	3 360	22 256
1906	53 105	3 260	33 802
1913	53 617	4 172	118 517
1920	27 715	2 010	209 459
1930	26 037	1 021	234 554 [25]).

[24]) Nr. 151: Indisch Verslag, S. 222.

[25]) Die Angaben für die Jahre 1883, 1893 nach Nr. 137 Broersma, I. Bd., S. 33; für 1898, 1906 nach Nr. 97: Sandick, S. 335 ff.; für 1913, 1920

Die vorstehenden Angaben zeigen das Zahlenverhältnis zwischen Chinesen und Javanen. Noch zur Jahrhundertwende sind die Chinesen zweifach überlegen. Etwa mit dem Jahre 1906 kommt der Umschwung und in kurzer Zeit ist das Verhältnis gerade umgekehrt.

Während die Chinesen von 1898—1913 durchschnittlich mit 50 000 vertreten sind, bewegt sich ihre Zahl von 1913—1919 um 40 000, 1920—30 zwischen 25—30 000, seitdem ist sie noch weiter zusammengeschrumpft. In diesen Jahren hat die Zahl der Javanen in Ostsumatra außerordentlich zugenommen. Sie bilden seit dem Aufkommen des Anbaues von Kautschuk, Öl- und Kokospalmen die Hauptsäule der Arbeiterschaft und stellen zeitweise mehr als 200 000 Köpfe. Man schätzt den Gesamtbedarf an javanischen Arbeitern in Ostsumatra heute bei normalen Verhältnissen auf 300 000. Das Zusammenschrumpfen der Chinesen hat verschiedene Gründe. Die Zahl der auf Tabakpflanzungen als Hilfskulis beschäftigten Chinesen ist sehr stark zugunsten der Javanen zurückgegangen, die überdies gerade in den letzten Jahren zum ersten Male in größerem Umfange als Feldkulis Verwendung fanden, wie schon erwähnt wurde. Dabei sind dauernd neue Methoden eingeführt worden, die den Arbeiterbedarf einschränken. Für die Arbeit auf den übrigen Plantagen reichen die Fähigkeiten der Javanen wie deren Frauen vollauf aus.

Die Zahl der Inder ist nie umfangreich gewesen, da eine Werbung für Ostsumatra in Südindien nicht geduldet wird.

Nehmen wir die gesamte Arbeiterschaft in den Außenbesitzungen am 1. Januar 1931, die eine Größe von 478 315 hat, so sind darunter:

63 444 Chinesen,
399 868 Javanen.

Javanen finden wir als Arbeiter in nahezu sämtlichen Teilen Niederländisch-Indiens, vor allem aber in

Ostsumatra	260 272	—	65,4%	d. Gesamtzahl
Palembang	28 542	—	7,0%	„
Atjeh	25 086	—	6,2%	„
Westk. v. Sumatra	22 251	—	5,5%	„

Chinesen in der Haupsache in:

Ostsumatra	22 814	—	35,0%	„
Banka	18 323	—	28,5%	„
Billiton	14 275	—	22,2%	„ [26]).

Nachdem der Chinese zunächst allenthalben die Pionierarbeit geleistet hat, ist heute der Javane die wichtigste Arbeitskraft, was auch von der Regierung gern gesehen wird, da dadurch ein kleiner Beitrag zur Entlastung des javanischen Bevölkerungsdruk-

nach Nr. 133: Arbeidsinspectie; für 1930 nach Nr. 151: Indisch Verslag 1931, S. 222.

[26]) Nr. 151: Indisch Verslag 1931, S. 222.

kes geleistet wird. Es fließt das Geld, das an Löhnen gezahlt wird, nach Java anstatt nach China, und der javanische Kuli wird mit den Verhältnissen in den Außenbesitzungen vertraut, was einer allmählichen javanischen Kolonisation den Boden bereitet, die gewiß notwendig ist, wenn man der Schwierigkeiten in Java Herr werden will.

C. Der Arbeitskontrakt unter poenaler Sanktion.

Niederländisch-Indien ist die einzige Kolonie, die noch an der Kontraktarbeit festhält, allerdings nur in den Außenbesitzungen, in denen die sogenannte „Kuliordonnanz" das Verhältnis zwischen Arbeitgeber und Arbeitnehmer regelt [27]). Die Kuliordonnanz ist auf dringendes Begehren der Pflanzer der Außenbesitzungen durch die Regierung im Jahre 1880 und in abgeänderter Form 1889 eingeführt worden und ist, abgesehen von kleinen Änderungen, heute noch in Geltung. Jeder einzelne Kuli verursacht so große Unkosten ehe er auf einer Plantage seine Arbeit beginnt, daß es für den Pflanzer einen großen Verlust bedeuten würde, wenn der Kuli nach kurzer Zeit aus irgendeinem nichtigen Grunde seine Arbeit niederlegen wollte oder entlaufen würde. Würde er auf eigene Kosten nach Ostsumatra kommen, so könnte man nichts dagegen einwenden, wenn er nach einigen Wochen seine Arbeit aufgeben wollte. Dazu ist aber kein Kuli in der Lage, sondern im Gegenteil er erhält überdies noch einen beträchtlichen Vorschuß bei der Anwerbung und beim Beginn seiner Tätigkeit. Der Pflanzer würde weiter einen sehr erheblichen Unsicherheitsfaktor in seinem Betrieb haben, wenn er nicht eine größtmögliche Sicherheit hätte, daß auf bestimmte Zeit sein Arbeiterstamm keine außergewöhnlichen Verluste haben wird. Es ist in den Außenbesitzungen nicht möglich, für plötzlich ausfallende Arbeiter schnell einen Ersatz zu erhalten, wie das auf Java der Fall ist. — All diese Gründe führten zu den Bindungen, die man dem Kuli auferlegt, damit die hohe Kapitalanlage, die er darstellt, keinen Verlust bedeutet, sondern gewinnbringend ist. Man läßt die chinesischen wie die javanischen Kulis Kontrakte unterzeichnen. Ein durch Abschluß eines Kontraktes auf bestimmte Zeit verpflichteter Kuli wird mit Strafen belegt, wenn er vor der Zeit seine Arbeit niederlegt, widerspenstig ist, absichtlich minderwertige Arbeit leistet usw. Versucht er zu entlaufen und sich so seiner Verpflichtungen zu entziehen, so kann er durch die Polizei wieder auf seinen Arbeitsplatz zurückgebracht werden, wobei er die versäumten Arbeitstage nachholen und sämtliche durch ihn verursachten Kosten tragen muß. Es darf in dem Kontrakt kein längerer Zeitraum als 3 Jahre vereinbart werden, allerdings kann der Arbeiter nach Ablauf einen neuen Vertrag unterzeich-

---

[27]) Nr. 160: Sternberg, Anhang, bringt den Wortlaut der Kuliordonnanz für die Ostküste von Sumatra.

nen. — Die Kuliordonnanz legt allerdings nicht nur dem Arbeiter Verpflichtungen auf, sondern auch der anderen Seite. Sie soll den Kuli gegen unrechtmäßige Ausnutzung, Mißhandlung und Ungerechtigkeiten aller Art schützen; sie setzt die tägliche Arbeitszeit, die Zahl der freien Tage fest, sie enthält Bestimmungen über die Unterkunftsgelegenheiten, die zu stellen sind, die Maßregeln, die zu treffen sind, um die Gesundheit ausreichend zu schützen.

Seit vielen Jahren ist ein sehr erbitterter Kampf um die Kuliordonnanz und die poenale Sanktion entbrannt. Von Pflanzern wird immer wieder erklärt, daß die Lebensfähigkeit ihrer Betriebe bei der Abschaffung der poenalen Sanktion in der schwersten Weise gefährdet sei. Solange nicht die Bevölkerung der Außenbesitzungen viel zahlreicher sei, sodaß aus ihr sich eine genügende Anzahl zur Arbeit auf den Pflanzungen bereit finde, dürfe man nicht an eine Änderung des Arbeitsrechtes denken.

Von den Gegnern wird das Kontraktsystem als „moderne Sklaverei" bezeichnet und immer wieder darauf hingewiesen, daß die Abschaffung in Britisch-Malaya wie Assam ohne Störung der Betriebe durchgeführt werden konnte. In den letzten Jahren hat man die ersten Schritte zur Aufhebung des Kontraktsystems getan. 1930 ging im indischen „Volksraad" ein Gesetz durch, das die schrittweise Beseitigung dieses Systems vorsieht. Darnach müssen am 1. Januar 1932 von 100 Arbeitern mindestens 25 „Freie Arbeiter" sein, die restlichen Kontraktarbeiter. Vom 1. Januar 1934 ab sollen 40 freien Arbeitern 60 Kontraktarbeiter gegenüberstehen. Vom 1. Januar 1936 ab wird das Verhältnis 50:50 betragen. Das Gesetz gibt kein Datum für die vollständige Aufhebung des Systems an.

Die Drohungen der amerikanischen Käufer, keinen Tabak mehr von Plantagen zu kaufen, die „Unfreie Arbeiter" (indentured labourers) beschäftigen, zwang die Tabakpflanzer Ostsumatras dazu, für ihre Unternehmungen auf die Anwendung der poenalen Sanktion bei Kontraktbruch zu verzichten. Dies und die Krise der letzten Jahre hat die Zahl der Kontraktarbeiter stark verringert. Aber noch besteht diese starke Bindung für einen Teil der Kulis — wie lange, ist unbestimmt.

Kap. IX.

Einfluß von Plantagen- und Bergbauindustrie auf das Siedlungsbild.

Die untersuchten Plantagen- und Bergbaugebiete liegen alle im Bereiche des tropischen Regenwaldes und sind fast ausschließlich Gebirgsländer. Diese Gebiete wurden von der eingeborenen Bevölkerung gemieden, was der Plantagenwirtschaft wie dem Bergbau die räumliche Ausdehnung bedeutend erleichterte. Mit dem Eindringen der beiden Wirtschaftsformen schwindet der ursprüngliche Charakter des Landes mehr und mehr. In einem kurzen Zeitraum wird die Naturlandschaft weitgehend umgestaltet. Riesige Waldareale fallen den rodenden Händen indischer, malaischer und chinesischer Kulis zum Opfer. Der Wald muß Raum für großräumige Plantagen oder die meist im Tagebau arbeitenden Bergbaubetriebe geben. Vorhandene Flüsse bieten vor allem in der Pionierzeit äußerst wertvolle Verkehrserleichterungen. Es folgt alsbald die Anlage von Verkehrswegen und Eisenbahnen. Allenthalben entstehen Siedlungen, die je nach ihrer Lage, Bedeutung und Funktion zu den verschiedensten Größen anwachsen. Der tropische Plantagenbau läßt weite zusammenhängende Flächen entstehen, die in regelmäßiger Ordnung meist mit einer Pflanze bestellt sind. In Plantagengebieten überwiegt die Plantagensiedlung, in der nur solche Menschen zu finden sind, die im Dienste des Unternehmens stehen.

Die Weitständigkeit dieser Siedlungen hängt naturgemäß von der Größe der Betriebe und der Pflanze ab, deren Anbau man sich widmet. Überschreitet ein Unternehmen eine gewisse Größe, so werden wir eine Hauptsiedlung und eine oder mehrere Nebensiedlungen antreffen. Die Bewohner einer solchen Siedlung sind meist alle landfremd; sie sind, abgesehen von ganz wenigen, mit der Absicht eingewandert, nach einer Anzahl von Jahren in die Heimat zurückzukehren. Einmal sind es die Besitzer oder Leiter und Assistenten, die fast immer Weiße sind, daneben eingeborene Schreiber, Diener, Wächter und schließlich die die große Masse stellenden Kulis und ihre Familien. Die letztgenannten befinden sich in einem dauernden Kommen und Gehen.

In verschiedene Gruppen können wir auch die Gebäude gliedern, die wir in einer solchen Siedlung antreffen. Die Wohnhäuser der Weißen sind groß, geräumig, sorgfältig gearbeitet, mit einem mehr oder weniger großen Luxus ausgestattet und von einer großen Veranda umgeben. Sie ruhen vielfach auf niederen Steinsäulen. Die Unterkunftsmöglichkeiten für die eingeborenen Angestellten und Kulis sind meist einfache Holzbaracken, die in langen Reihen angeordnet sind. Man spricht von ihnen als den „cooli-lines". Neuerdings ist man in Ostsumatra dazu übergegangen, verdienten Arbeitern Einzelhäuser zu geben. In Assam sind die Kulihütten vielfach aus Lehm aufgeführt und mit Stroh gedeckt. Die sich als notwendig erweisenden häufigen Ausbesserungen werden in der ruhigen Jahreszeit ausgeführt. In den Siedlungen gibt es immer einen Laden, der entweder von dem Unternehmen unterhalten oder aber im Bereiche der chinesischen Einwanderung von einem rührigen Chinesen betrieben wird. Weiter gibt es vielfach Hütten für Tänze, Kinovorführungen (Ostsumatra, Ceylon, Surma-Tal). Fußballplätze sind auch keine Seltenheit. Große Unternehmungen haben eigene Hospitale und Schulen. Von den Kulis sind vielfach mit Unterstützung ihres Arbeitgebers Tempel aufgeführt worden, die denen ihrer Heimat nachgebildet sind. Wichtig sind weiter die verschiedenen Wirtschaftsgebäude: Kontore, Materialschuppen, Schuppen für Stellmacherei und Schmiede, Stallungen für Zugvieh. Den wertvollsten Teil stellt die Fabrik mit der dazugehörigen Kraftanlage dar. An ihre Stelle treten auf Tabakplantagen die Trockenscheunen, Fermentier- und Sortierscheunen. Das Fabrikgebäude hat ein recht haltbares und widerständiges Fundament; Wände und Dach sind meist aus Wellblech hergestellt, um die Feuergefahr zu vermindern [1]).

Wie ich schon erwähnte, treffen wir auf großen Plantagen neben der Hauptsiedlung auch kleine Nebensiedlungen, die nur aus dem Wohnhaus des Assistenten und einer Anzahl von Kulihütten bestehen. Diese Anordnung ist getroffen, um lange Märsche von und zur Arbeit zu vermeiden. Die Einrichtung besteht besonders auf den großen Tabakplantagen in den Sultanaten Deli, Serdang und Langkat in Ostsumatra. Sie hängt mit dem Betriebssystem zusammen. Ein gebrauchtes Feld bleibt 7 Jahre brach liegen, um erst im 8. Jahre wieder bepflanzt zu werden. Diese lange Brachezeit verursacht ein dauerndes Wandern, dem sich die Trokkenscheunen, die Kulihütten und das Haus des Assistenten anschließen müssen.

Die ganze von einer Plantage eingenommene Fläche ist durch ein Wegenetz erschlossen, was überaus wichtig ist, da die gesamte Ernte zu ihrer Verarbeitung zur Fabrik oder zu den Scheunen geschafft werden muß. Der Transport wird entweder auf Lastwagen oder Ochsenkarren durchgeführt oder man hat eine Kleinbahn angelegt. Außerordentlich wichtig ist für die Plantagen eine günstige Verbindung mit dem Exportzentrum des Landes. Diese kann durch Straßen, Eisenbahnen und schiffbare Flüsse ermöglicht werden.

Weiter finden wir in einem Plantagengebiet Verkehrssiedlungen und schließlich ein oder mehrere Verwaltungszentren, in de-

[1]) Nr. 160: Sternberg, S. 23—25.

nen größere Geschäfte, Import- und Exportfirmen, Ärzte, Handwerker aller Art usw. vertreten sind. Diese Siedlungen können städtischen Charakter haben. In Assam entstehen neue Siedlungen dadurch, daß ein Teil der Kulis sich genügend Boden kauft und als Bauer in der Provinz niederläßt. Das ist hier, ähnlich wie in Malaya möglich, da noch Boden zur Verfügung steht, während dies für Ceylon und Ostsumatra nicht zutrifft, da hier der ganze Boden im Besitz von Plantagengesellschaften ist.

In Britisch-Malaya hat eine ganze Anzahl wichtiger Orte ihr Entstehen dem Zinnbergbau zu verdanken. So war Kuala Lumpur, das heute die Hauptstadt der Verbündeten Malaienstaaten ist (1931: 112 000 Einwohner), vor 60 Jahren eine chinesische Bergmannssiedlung, die zwei Straßen hatte mit einer Reihe von Läden, die die benachbarten kleineren Lager versorgten [2]).

Auch die zweitgrößte Stadt der Verbündeten Staaten, Ipoh (1931: 53 860 Einwohner), war vor 30 Jahren noch ein kleines, schmutziges Dorf, das von chinesischen Zinngräbern gegründet wurde. Neben diesen beiden Städten könnte noch eine große Anzahl von kleineren und größeren Siedlungen aufgezählt werden, die ihr Entstehen oder ihre Entwicklung dem Bergbau verdanken.

In Malaya haben wir Tage-, Stollen- und Schachtbaubetriebe. Es überwiegt der Tagebau, der das Landschaftsbild in stärkster Weise beeinflußt. In unmittelbarer Nähe der einzelnen Gruben finden sich z. T. recht primitive Unterkunftsmöglichkeiten für die Arbeiter. Erheblich besser sind die Bauten, die für die europäischen Leiter, Ingenieure und Maschinisten aufgeführt sind. Der Chinese ist im Vergleich zum Inder zu einem längeren Aufenthalte in Malaya bereit. Wenn es ihm gelungen ist, durch seine Arbeit in einer Zinngrube Ersparnisse zu machen, so wendet er sich bald einer in der Nachbarschaft gelegenen größeren Siedlung zu, ist hier als Handwerker, Landwirt, Gärtner oder sonst in irgendeinem Berufe tätig. Die Bevölkerung der Siedlungen in einem solchen an Gruben reichen Distrikte besteht nahezu vollständig aus Chinesen, wie in allen größeren Städten Malayas. So kommt es, daß Siedlungen in Bergbaudistrikten in ihrer Bauweise einen chinesischen Charakter tragen.

Zusammenfassung.

Das Kapital ist allenthalben nur dann bereit, in den Tropen zu arbeiten, wenn es die Gewißheit hat, daß es ihm möglich ist, die notwendigen Arbeitskräfte zu erhalten. Diese Möglichkeit ist in den südostasiatischen Wirtschaftskolonien gegeben, da sie von wichtigen Überschußgebieten menschlicher Arbeitskraft umgeben und durchsetzt sind. In diesen Gebieten befindet sich ein Teil der

---

[2]) Nr. 131: Winstedt, S. 238.

zahlreichen Bevölkerung in einer sehr schlechten wirtschaftlichen Lage und folgt dem Anreiz, bessere Lohnverhältnisse und günstigere Lebensbedingungen zu erlangen. So kommt es, daß große Massen von Kulis mitsamt ihren nächsten Angehörigen oder ohne diese in Gebiete ziehen, die bis dahin gar nicht oder nur außerordentlich gering besiedelt waren.

Zunächst erhalten die Unternehmer die Kulis durch Vermittlung von Maklern, sei es von Europäern, sei es von Eingeborenen des betreffenden Werbegebietes. Da diese Makler aber in Zeiten verstärkter Nachfrage zu hohe Preise verlangen, suchen sich die Unternehmer von ihnen unabhängig zu machen; sie schließen sich zu diesem Zwecke zusammen. Der Grund für die Bildung von Pflanzervereinigungen ist immer im Arbeiterproblem zu suchen. Man will durch den Zusammenschluß die Kosten der Werbung herunterdrücken und die Qualität der einwandernden Arbeiterschaft heben. Zu diesem Zwecke vermeiden sie nach Möglichkeit die Inanspruchnahme der Dienste der Makler und gehen zur Anwendung des „Kangani-, Sardar-, Laukeh-Werbesystems" über. Sowohl in holländischen wie in englischen Kolonien ist heute die Berufswerbung zum Nutzen der Unternehmer wie der Arbeiter verboten. Nur in Südchina wird sie noch ausgeübt.

In allen Teilen Südostasiens, mit Ausnahme von Ceylon und Burma, in denen eingewanderte Arbeiter beschäftigt werden, hat das Kontraktarbeitersystem Anwendung gefunden, in den Außenbesitzungen Niederländisch-Indiens bis auf den heutigen Tag. Die holländische wie die englische Kolonialregierung suchte dem Arbeiter volle Freiheit zu geben. Die englische Regierung hat dabei Erfolg gehabt, die holländische steht kurz davor. Heute hat jeder Arbeiter, mit Ausnahme in den Außenbesitzungen, theoretisch die Möglichkeit, nach monatlicher Kündigung in die Heimat zurückzukehren oder sich eine andere Arbeitsstelle zu suchen.

Ein Charakteristikum für die Arbeiterverhältnisse in den Wirtschaftskolonien, die auf Arbeitereinwanderung angewiesen sind, ist die auffallend geringe Tendenz zur Seßhaftwerdung und das zahlenmäßige Mißverhältnis der Geschlechter. Der Anteil der Frauen an den Wanderbewegungen ist häufig außerordentlich gering, da die Arbeiter nur für einige Jahre die Heimat verlassen wollen. Die meisten haben den Wunsch, in dieser Zeit so viele Ersparnisse zu machen, daß sie sich in der Heimat als Bauern niederlassen können. Allenthalben beobachten wir die Bemühungen der Regierungen wie der Pflanzerverbände, die Einwanderung von Frauen zu heben, um so den allzu häufigen Wechsel der Arbeiterschaft zu verringern, allmählich eine seßhafte Arbeiterbevölkerung zu erhalten und die sozialen Verhältnisse zu bessern. Gerade in der neuesten Zeit sind diese Bemühungen vielfach mit Erfolg gekrönt gewesen. In den meisten Fällen führen die Arbeiter heute auf den Pflanzungen ein weit ruhigeres, sicheres und sorgenfreieres Leben als es in der Heimat möglich wäre. Für ihre Nahrung ist gesorgt, sie erhalten regelmäßigen Lohn, für ihre

Kinder gibt es Schulen, und sie haben eigene Tempel. Für ihre körperliche Gesundheit sorgen Ärzte und geschulte Pfleger in Krankenhäusern, die es heute auf den großen Plantagen gibt.

Während früher die Unternehmer einen Teil oder die gesamten Werbe -und Transportkosten dem Kuli aufluden, stellen wir heute fest, daß die Arbeiter nach Wunsch der Regierungen möglichst schuldenfrei ihren Dienst beginnen sollen; höchstens sind sie mit einem Vorschuß belastet, der bei ihrer Werbung ein starkes Lockmittel war.

Die Karte III zeigt uns die Richtungen und die Ziele der wichtigsten Arbeiterwanderungen Südostasiens in ihrer durchschnittlichen Jahresstärke 1921—1930:

1. Indien—Assam	42 200
2. Indien—Burma	305 000
3. Indien—Malaya	88 000
4. Indien—Ceylon	106 000
5. China—Singapore	241 800
6. China—Sumatra	6 600
7. Java—Sumatra	26 800.

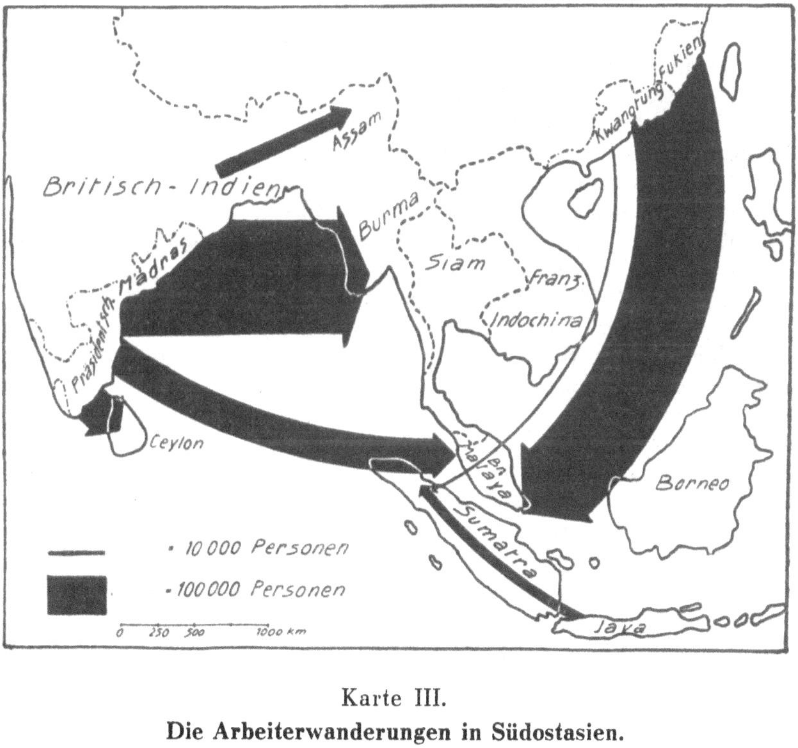

Karte III.

Die Arbeiterwanderungen in Südostasien.

Hauptrichtungen und durchschnittliche Jahresstärke in der Zeit von 1920 bis 1930.

(Eine Balkenstärke von 0,5 mm entspricht einer Wanderungsstärke von 10 000 Personen.)

In den Jahren 1921—1930 setzten sich in Indien durchschnittlich 541 000 Arbeiter einschließlich Angehörige in Bewegung, um auf den Plantagen Assams, Ceylons und Malayas und auf den Reisfeldern und in den Fabriken Burmas zu arbeiten. In diese Zahl sind diejenigen nicht eingeschlossen, die in den West-Ghats Arbeit finden. Die meisten der Auswanderer kommen aus übervölkerten Teilen der Präsidentschaft Madras. Weitere wichtige Rekrutierungsgebiete sind die Zentralprovinzen, Bihar-Orissa und die Vereinigten Provinzen. In der gleichen Zeit begaben sich durchschnittlich 241 800 Chinesen aus den beiden übervölkerten Provinzen Kwangtung und Fukien sowie deren westlichen Grenzgebieten nach Singapore, um sich von hier aus nach den verschiedenen Richtungen hin zu verteilen. Der Großteil fand in Malaya eine Betätigungsmöglichkeit, an zweiter Stelle stehen die nahegelegenen Inseln des niederländischen Kolonialreiches. Die Provinz „Ostküste von Sumatra“ nahm durchschnittlich 6600 chinesische Kulis auf, daneben 26 800 javanische Kulis. Auch für andere Provinzen der Außenbesitzungen bietet sich Java als Werbegebiet, erreicht aber nicht die Bedeutung, die Indien und Südchina zukommt.

In denselben Richtungen bewegen sich natürlich auch die Rückwanderungen, deren Größe aus oben erwähnten Gründen nicht für alle Teile bekannt ist. Für die übervölkerten Gebiete sind die Arbeiterwanderungen von großer wirtschaftlicher Bedeutung, da von den Arbeitern sehr beträchtliche Geldsummen nach Hause geschickt oder zurückgebracht werden.

Für Schiffahrtslinien sind die Wanderungen von Wichtigkeit. Sie verlangen häufigere Fahrgelegenheiten als sonst notwendig wären; ja sie führen zur Einrichtung neuer Linien und bedingen den Bau und die Einstellung besonderer Transportdampfer.

Die starke Einwanderung fremder Volkselemente bewirkt eine Veränderung des Bevölkerungsbildes. So machte der eingewanderte Bevölkerungsteil in Assam 1931: 15,2% aus. In Ceylon waren 1931: 90% aller Plantagenarbeiter südindische Tamilen, 1921 entfielen auf indische Tamilen in Ceylon 13,4% von der Gesamtbevölkerung. In Britisch-Malaya waren 1931 nur 37,5% der Bevölkerung Malaien, die von den Chinesen mit 1½% übertroffen wurden. Auf Inder entfielen 14,2%. In der Provinz Ostsumatra liegen die Verhältnisse ähnlich. Wären die Zählungen in diesen Gebieten etwa 1½ bis 2 Jahre später durchgeführt worden, so würden ganz andere Ergebnisse herausgekommen sein, da die Zählung Anfang 1931 in eine Zeit stärkster Rückwanderung fiel, die bis zur Mitte des Jahres 1933 anhielt. Seitdem wächst die Einwanderung wieder an.

Die Größe der Arbeiterwanderungen ist starken Unregelmäßigkeiten unterworfen, wie die verschiedenen Tabellen zeigen. Die Höhe der Preise, die die verschiedenen Plantagenprodukte oder das Zinn auf dem Weltmarkt erzielen, ist von größtem Einfluß auf das Wirtschaftsleben der betreffenden Gebiete und damit auch auf den Arbeiterbedarf und die mit ihm ursächlich verknüpften Arbeiterwanderungen. Preisschwankungen von geringem Umfange lassen die letzteren entweder anwachsen oder zusammenschrumpfen. Zu großen Umwälzungen können auch Pflanzenkrankheiten und wichtige Erfindungen führen.

Mögen auch in den letzten 2 Jahren allenthalben die Rückwanderungen aus den Plantagen- und Bergbaukolonien größer gewesen sein als die Einwanderungen — der Bedarf an Arbeitern wird anhalten, und auch weiterhin wird das Phänomen der Arbeiterwanderungen zwischen den Überschuß- und Bedarfsgebieten Südostasiens bestehen bleiben, da keines der letzteren aus der schon vorhandenen Bevölkerung eine genügende Anzahl von Arbeitskräften ziehen kann.

Tabellen.

I. Assam.

Die Größe d. Einwanderung v. Arbeitern mitsamt ihren Angehörigen.

1880	15 913	1897	95 931	1914	63 638
1881	17 116	1898	49 169	1915	110 376
1882	22 559	1899	31 908	1916	48 130
1883	32 140	1900	62 733	1917	19 407
1884	45 511	1901	26 223	1918	222 171
1885	29 398	1902	26 684	1919	102 089
1886	30 894	1903	22 162	1920	25 472
1887	36 463	1904	24 209	1921	20 961
1888	46 293	1905	31 830	1922	21 654
1889	55 658	1906	25 617	1923	41 862
1890	36 080	1907	84 824	1924	33 727
1891	49 908	1908	60 773	1925	33 009
1892	56 050	1909	39 332	1926	45 694
1893	50 675	1910	43 657	1927	42 845
1894	46 530	1911	58 646	1928	68 900
1895	72 837	1912	59 873	1929	59 796
1896	81 115	1913	58 869	1930	53 519

1880—1900: Nr. 51 Report on the Administration.
1902—1930: Nr. 54 Reports on Immigrant Labour in the Province of Assam.

II. Ceylon.

Die Größe der Einwanderung von indischen Arbeitern.

	Männer	Frauen	Kinder	Total		Männer	Frauen	Kinder	Total
1843	35 195	957	448	36 600	1887	56 582	11 696	4 382	72 660
1844	74 840	1 181	724	76 745	1888	64 170	13 376	5 041	82 587
1845	72 526	698	177	73 401	1889	47 597	9 947	4 191	61 735
1846	41 862	330	125	42 317	1890	61 484	15 300	7 322	84 106
1847	44 085	1 638	417	46 140	1891	75 121	19 051	8 977	103 149
1848	29 936	1 685	551	32 172	1892	83 504	21 494	11 474	116 472
1849	27 732	1 430	268	29 430	1893	65 782	15 149	10 745	91 676
1850	37 155	1 818	449	39 422	1894	63 310	13 200	8 735	85 245
1851	28 224	1 003	273	29 500	1895	87 385	20 272	15 954	123 611
1852	50 843	2 226	770	53 839	1896	92 452	21 711	14 187	128 350
1853	36 582	2 042	653	39 277	1897	106 722	27 434	18 919	153 075
1854	54 014	9 006	4 301	67 321	1898	97 484	17 943	16 487	131 914
1855	51 979	5 018	1 270	58 267	1899	56 488	7 320	4 585	68 393
1856	59 263	6 342	2 399	68 004	1900	132 183	40 827	34 984	207 994
1857	60 048	6 974	2 298	69 320	1901	83 526	22 386	14 691	120 603
1858	75 172	16 172	4 718	96 062	1902	73 580	11 475	9 377	94 432
1859	32 397	5 797	1 911	40 105	1903	44 057	10 668	8 711	63 446
1860	41 906	8 946	2 093	52 945	1904	52 892	13 340	10 733	76 965
1861	43 147	8 175	2 110	53 432	1905	110 510	31 053	31 610	173 173
1862	51 859	12 503	4 534	68 896	1906	82 620	21 573	20 496	124 689
1863	53 828	11 858	5 032	70 718	1907	34 122	12 247	9 355	55 724
1864	63 087	14 214	4 499	81 800	1908	53 042	18 897	14 462	86 401
1865	66 007	16 831	6 759	89 597	1909	47 593	18 321	13 931	79 845
1866	58 488	23 723	6 117	88 328	1910	69 701	27 908	21 004	118 613
1867	31 688	18 836	2 255	52 779	1911	58 052	22 156	17 328	97 536
1868	41 499	11 540	2 682	55 721	1912	68 638	25 983	23 289	117 910
1869	43 998	11 150	2 523	57 671	1913	69 961	26 880	23 389	120 230
1870	51 644	10 835	2 735	65 214	1914	46 310	17 253	14 441	78 004
1871	70 090	15 471	2 968	88 529	1915	54 092	20 565	20 152	94 809
1872	64 018	12 216	3 887	80 121	1916				115 713
1873	70 687	14 166	4 159	89 012	1917				47 296
1874	95 659	21 400	8 097	125 156	1918				43 184
1875	66 659	14 358	5 695	86 712	1919				112 391
1876	121 743	28 670	14 384	164 797	1920				45 912
1877	117 181	41 786	18 614	177 581	1921				22 365
1878	170 247	21 584	9 262	201 093	1922				77 736
1879	149 423	14 110	13 364	176 897	1923				89 859
1880	36 092	6 286	3 222	45 600	1924				153 989
1881	42 679	7 789	3 419	53 887	1925				125 585
1882	40 901	7 301	2 705	50 907	1926				101 746
1883	31 778	4 759	2 667	39 204	1927				159 398
1884	36 381	6 203	3 193	45 777	1928				133 712
1885	37 181	6 943	3 370	47 794	1929				105 095
1886	31 602	5 525	2 780	39 907	1930				91 422

1843—1877: Nr. 71 Papers.
1878—1915: Nr. 48 Marjoribank and Marakkayar.
1916—1920: Nr. 5 Ferenczi. Nr. 69 Census, 1921. S. 17.
1920—1930: Nr. 74 Administr. Report of the Contr. 1926, 1930.

Die Größe der Auswanderung von indischen Arbeitern.

	Männer	Frauen	Kinder	Total
1843	15 868	914	436	17 218
1844	38 337	825	535	39 697
1845	24 623	145	36	24 804
1846	13 833	48	23	13 904
1847	5 897	79	33	6 009
1848	22 680	557	152	23 389
1849	10 497	335	84	10 916
1850	20 758	548	303	21 609
1851	16 775	419	191	17 385
1852	22 564	780	284	23 628
1853	27 129	981	378	28 488
1854	21 640	1 422	479	23 541
1855	23 130	573	313	24 016
1856	32 148	1 502	652	34 309
1857	36 887	2 272	772	39 937
1858	45 747	3 277	1 416	50 440
1859	43 900	3 722	1 196	48 818
1860	21 279	1 874	721	23 874
1861	32 636	3 487	1 079	37 202
1862	35 577	4 691	1 641	41 909
1863	50 334	7 804	3 627	61 765
1864	54 724	8 526	4 029	67 279
1865	51 504	8 478	4 552	64 537
1866	38 997	6 717	3 515	49 229
1867	35 507	7 293	3 198	45 998
1868	44 820	7 524	2 182	54 526
1869	43 826	8 330	2 175	54 331
1870	44 787	8 035	2 260	55 082
1871	55 603	9 660	3 347	68 610
1872	59 005	10 783	4 247	74 035
1873	63 238	12 075	5 316	80 629
1874	73 210	10 699	5 818	89 727
1875	77 074	11 808	6 637	95 519
1876	73 668	11 522	6 770	91 960
1877	72 791	10 458	5 360	88 609
1878	72 148	13 512	5 528	91 188
1879	63 431	12 162	5 157	80 750
1880	54 410	12 524	6 749	73 683
1881	48 686	9 776	4 778	63 240
1882	44 725	8 814	4 281	57 820
1883	41 131	8 148	3 377	52 962
1884	39 365	7 083	3 637	50 085
1885	38 695	6 592	3 576	48 863
1886	36 009	6 190	3 051	45 250

	Männer	Frauen	Kinder	Total
1887	45 266	6 796	3 059	55 121
1888	46 878	6 441	2 486	55 806
1889	44 103	6 405	2 111	52 619
1890	39 450	5 078	1 228	45 756
1891	51 959	6 761	1 322	60 042
1892	57 604	8 163	1 849	67 616
1893	52 086	16 048	5 047	73 181
1894	46 840	14 977	4 575	66 392
1895	59 260	15 809	5 604	80 673
1896	70 755	16 988	5 538	93 281
1897	77 584	19 888	11 741	109 213
1898	83 796	17 634	4 276	105 706
1899	59 930	16 388	5 311	81 629
1900	76 231	24 493	12 212	112 936
1901				118 343
1902				77 197
1903				47 715
1904				56 246
1905				65 513
1906				59 659
1907				63 671
1908				78 740
1909				61 287
1910				64 660
1911				58 916
1912				77 840
1913				90 374
1914				49 031
1915				38 298
1916				47 588
1917				32 119
1918				23 161
1919				34 268
1920				27 581
1921				-
1922				46 285
1923				51 762
1924				56 118
1925				53 203
1926				61 265
1927				87 481
1928				93 596
1929				101 228
1930				98 728

III. Britisch Malaya.

Die Größe der chinesischen Einwanderung in Singapore.

	In S. gezählt	In S. gelandet
1880	78 196	46 744
1881	90 271	47 747
1882	104 177	55 887
1883	112 261	61 206
1884	116 053	68 517
1885	119 555	71 328
1886	151 576	89 676
1887	167 906	101 094
1888	164 300	103 541
1889	150 809	102 429
1890	127 936	96 230
1891	126 088	93 843
1892	122 029	93 339
1893	189 843	144 558
1894	137 695	106 612
1895	190 901	150 157
1896	175 718	142 358
1897	114 978	90 828
1898	133 558	106 983
1899	149 697	117 794
1900	200 947	159 571
1901	178 778	139 266
1902	207 156	163 854
1903	220 321	172 770
1904	204 796	163 079
1905	173 131	136 001
1906	176 587	
1907	227 342	179 756
1908	153 452	121 639
1909	151 752	120 954
1910	216 331	173 423
1911	269 854	215 036
1912	251 644	203 124
1913	240 979	199 961
1914	147 150	124 032
1915	95 735	80 353
1916	183 399	
1917	155 167	
1918	58 421	
1919	70 912	
1920	126 077	
1921	191 043	
1922	132 886	
1923	159 019	
1924	181 430	
1925	214 692	
1926	348 593	
1927	359 261	
1928	295 700	
1929	293 167	
1930	242 167	

Nr. 119 Annual Departm. Reports 1890—1930.

IV. Britisch Malaya.

Die Größe der Ein-und Auswanderung von Indern.

	Kulis	Andere	Total Einw.	Auswanderung.
1880	1 191	3 755	4 946	
1881	879	5 769	6 648	
1882	1 452	8 276	9 728	
1883	1 450	8 979	10 429	
1884	1 539	14 365	15 904	
1885	1 642	19 819	21 461	
1886	2 748	17 316	20 064	
1887	4 736	12 156	16 892	
1888	4 684	15 183	19 867	
1889	2 747	15 285	18 032	
1890	2 960	15 341	18 301	15 276
1891	3 443	26 446	29 989	23 912
1892	1 628	16 370	17 998	17 722
1893	2 225	15 877	18 102	14 045
1894	1 745	13 156	14 901	13 357
1895	1 549	14 962	16 557	12 360
1896	2 652	17 498	20 150	12 977
1897	2 599	18 000	20 599	14 280
1898	2 989	15 825	18 814	11 500
1899	6 894	12 087	18 981	11 074
1900	14 667	23 862	38 529	11 251
1901	6 261	21 998	28 259	16 204
1902	4 025	16 217	20 242	18 183
1903	2 552	19 478	22 030	17 832
1904	6 197	24 504	30 701	19 550
1905	12 509	27 030	39 539	19 754
1906	23 899	28 152	52 041	21 879
1907	28 620	31 922	60 542	30 522
1908	25 505	29 017	54 522	30 920
1909	24 408	25 409	49 817	31 374
1910	58 525	25 198	83 723	39 080
1911	78 356	30 115	108 471	48 103
1912	73 671	33 257	106 928	63 885
1913	91 236	27 347	118 583	70 090
1914	36 905	14 312	51 217	
1915	54 881	20 442	75 323	50 320
1916	72 091	23 475	95 566	54 479
1917	78 407	11 670	90 077	57 583
1918	55 583	7 708	65 291	52 132
1919	88 021	13 412	101 433	46 767
1920	78 855	16 365	95 220	55 481
1921	15 413	30 260	45 673	61 551
1922	38 336	20 338	58 674	45 733
1923	30 234	19 268	49 502	42 778
1924	43 147	18 905	62 052	37 326
1925	70 198	20 510	90 708	43 144
1926	149 414	25 381	174 795	65 786
1927	123 826	32 306	156 123	88 718
1928	27 240	35 832	63 072	91 252
1929	82 183	32 069	114 252	76 649
1930	42 771	26 343	69 114	151 735

Nr. 119 Annual Departm. Reports 1890—1930.

V. Ostsumatra.

Die Größe der unter der D.P.V. erfolgenden Ein- und Auswanderung v. Chinesen.

	Total angek. Passag.	Aus China direkt	Aus Penang	Aus Singapore	Total angek. Sinkehs	Nach China zurück
1888	3 972	1 152	1 892	928	3 972	586
1889	8 670	5 176	2 256	1 238	8 670	1 562
1890	9 128	6 666	1 438	1 024	9 128	1 476
1891	6 862	5 351	1 425	86	6 862	1 127
1892	2 269	2 160	11	98	2 269	693
1893	5 882	5 152	108	622	5 882	1 350
1894	6 464	5 607	268	589	6 464	1 350
1895	10 305	8 163	502	1 640	10 305	2 140
1896	7 576	6 661	23	536	7 220	2 043
1897	5 372	4 435	8	1 376	5 819	1 910
1898	6 221	5 105	83	1 341	6 519	1 635
1899	9 034	7 561	10	321	7 892	1 948
1900	8 335	6 922	--	4	6 926	1 835
1901	6 984½	5 556	13	7	5 576	2 186
1902	8 769	7 181	3	-	7 184	1 377
1903	6 825½	5 714	-	-	5 714	1 381
1904	5 918	4 784	2	22	4 808	1 417
1905	7 776½	6 169	8	-	6 177	2 771½
1906	8 539	6 755	-	1	6 756	2 995½
1907	1C 820½	8 889	4	1	8 894	2 814½
1908	9 462½	7 538	-	5	7 543	3 860
1909	7 349½	6 090	-	-	6 090	3 943½
1910	9 066	6 934	-	-	6 934	3 318½
1911	9 924½	7 594	-	-	7 594	2 980½
1912	11 473	8 561	-	-	8 561	2 984
1913	8 851½	5 668	13	-	5 681	3 787
1914	5 457	3 156	-	-	3 156	2 469
1915	6 371½	4 647	-	-	4 647	5 472½
1916	9 887½	6 168	-	-	6 168	3 982
1917	10 352	6 600	-	-	6 600	4 600
1918	2 031	1 493	-	-	1 493	2 477½
1919	1 460	1 111	-	-	1 111	881
1920	894	689	-	-	689	403
1921	11 129	7 996	205	762	8 963	2 411
1922	3 291	2 302	-	-	2 302	2 704
1923	8 699	6 118	-	-	6 118	4 181
1924	5 286	3 727	-	-	3 727	3 489
1925	3 941	2 880	-	-	2 880	3 949
1926	6 404	4 437	-	-	4 437	4 496
1927	9 270	6 605	-	-	6 605	4 030
1928	10 306	6 711	-	-	6 711	3 505
1929	5 220	3 461	-	-	3 461	4 259
1930	3 022	1 829	-	-	1 829	4 623
1931	362	178	-	-	178	4 781

Nr. 141 D.P.V. Jaarverslag 1931. Tabelle im Anhang.

VI. Java.

	Gesamtauswanderung Javas	Gesamtrückwanderung Javas	Einwanderung Ostsumatras	Rückwanderung Ostsumatras
1911	46 199	5 001	34 899	2 960
1912	40 243	4 571	27 360	2 312
1913	32 537	4 921	22 861	3 086
1914	20 248	8 858	13 845	4 969
1915	22 492	7 128	14 892	4 889
1916	25 576	8 476	14 844	6 266
1917	62 321	11 984	45 666	9 281
1918	62 717	14 879	42 745	11 139
1919	67 610	17 485	42 500	13 386
1920	55 710	20 597	34 580	16 280
1921	36 326	44 967	21 847	30 534
1922	13 032	35 191	6 937	24 224
1923	21 539	24 750	10 856	16 222
1924	38 046	19 786	21 514	14 566
1925	58 253	17 777	36 881	12 668
1926	75 346	23 534	42 574	16 203
1927	67 510	26 035	35 987	15 048
1928	58 963	32 708	27 743	17 425
1929	77 662	37 800	47 018	22 193
1930	29 350	47 923	16 350	24 635

Nr. 133 und 134 Arbeitsinspectie Nr. 1—14

Verzeichnis der im Text angeführten Schriften.

Allgemeines.

1) Aereboe, Fr.: Allgemeine landwirtschaftliche Betriebslehre. Berlin 1923.
2) Boeke, J. H.: Tropisch-koloniale Staatshuishoudkunde. Amsterdam 1910.
3) Bücher, K.: Entstehung der Volkswirtschaft. 1917.
4) Dennery, Etienne: Foules d'Asie. Surpopulation japanoise, expansion chinoise, émigration indienne. Paris 1930. Engl. Ausgabe: Asia's Teeming Millions and its Problems for the West. London 1931.
5) Ferenczi, Imre: International Migrations. Vol. I. Statistics. National Bureau of Economic Research, 14, 1929.
6) — Kontinentale Wanderungen und die Annäherung der Völker. Kieler Vorträge 32. Jena 1930.
7) Figart, David M.: The Plantation Rubber Industry in the Middle East. Departm. of Commerce, Trade Promotion Series No. 2. Washington 1925.
8) Hübner, G.: Kautschuk. Eine wirtschaftsgeographische Monographie. Greifswald 1933.
9) Jenks, Jeremiah: Report on certain economic Questions in the English and Dutch Colonies in the Orient. Washington 1902.
10) de Kat Angelino, A. D. A.: Colonial Policy. Translated by Renier. 2 Vol. The Hague 1931.
11) Kiefer, A.: Die Teeindustrie Indiens und Ceylons. In: Abhh. der K. K. Geogr. Ges. in Wien, IV. Bd. Nr. 3 1902.
12) de Macedo Soares, José Carlos: Der Kautschuk, eine wirtschaftliche und statistische Studie. Übersetzt von A. Marcus. Zürich 1930.
13) Nieboer, H. J.: Slavery as an industrial System. Ethnological Researches. 1900.
14) Petersen, Kath.: Das Standortsproblem in der tropischen Plantagenwirtschaft. In: Kolon. Rundschau 1932.
15) Quelle, O.: Landbau und ländlicher Grundbesitz in Brasilien. In: Schmollers Jahrbücher, Bd. 50, 1926. S. 963—979.
16) — Die Afrikanisch-Südamerikanische Völkerwanderung. In: Ibero-Amerikanisches Archiv. 1931. S. 16—35.
17) Reichwein, A.: Die Rohstoffwirtschaft der Erde. Jena 1928.
18) Sapper, K.: Über den Kulturwert der verschiedenen Landschaftstypen in den Tropen. . . G. Z. 1912, S. 305, 387.
19) — Der Kaffeeanbau in seiner siedlungs- u. wirtschaftsgeogr. Bedeutung. In: Erde und Wirtschaft, Bd. IV, 1930/31, S. 109 ff.
20) Schippel, Max: Zur Soziologie kolonialer Arbeiterverhältnisse. In: Jahrbuch f. Soziologie, Bd. III, S. 140—56, 1927.
21) Schmidt, P. H.: Einführung in die allgemeine Geographie der Wirtschaft. Jena 1931.
22) Schmitthenner, H.: Die Typen der Kolonialgebiete. In: Kol. Rundschau 1932, S. 32—64.
23) Unger, Erich: Der Tee. Eine wirtschaftsgeographische Studie. Greifswald 1932.

24) Vageler, P.: Grundriß der tropischen und subtropischen Bodenkunde. Berlin 1930.
25) Vierkandt, Alfred: Naturvölker und Kulturvölker. Leipzig 1896.
26) Waibel, Leo: Probleme der Landwirtschaftsgeographie. Breslau 1933.
27) Weddige, Ludw. W.: Die Kautschukerzeugung Südasiens und die zukünftige Versorgung der Welt mit Rohkautschuk. In: Zt. d. Pr. Stat. Landesamtes, 68. Jg., S. 297—320.
28) Willcox, Walter E.: International Migrations. Interpretation by a group of Scholars in different countries edited on behalf of the N. B. of Economic Research. New York 1931.
29) Zimmermann, A.: Kolonialpolitik. 1905.

Indien.

29a) Andrew, E. J. L.: Indian Labour in Rangoon. Oxford 1933.
30) Becker, C.: Im Stromtal des Brahamaputra. Aachen 1927.
31) Borchers, Marie: Die Bevölkerungsdichte im südlichen Indien. Göttingen 1917.
32) Census of India 1901. 1911. 1921. Vol. I, Part I, Report. Calcutta 1903, 1913, 1923.
33) — 1911, 1921. 1931. Vol. III. Assam. Part I, Report. Part II. Tab. Shillong 1912, 1922, 1932.
34) — 1921. Vol. VII. Bihar and Orissa.
35) — 1911. 1921. Vol. IX Burma. Report and Tables. Rangoon 1912. Vol. X Burma. Report and Tables. Rangoon 1922.
36) — 1921. Vol. XIII. Madras. Report and Tables.
37) Das, Rajani, K.: Plantation Labour in India. Calcutta 1931.
38) Engelbrecht, Th.: Die Feldfrüchte Indiens in ihrer geograph. Verbreitung. Hamburg 1914.
38a) Flex, Oskar: Pflanzerleben in Indien. Kulturgeschichtl. Bilder aus Assam. Berlin 1873.
39) Gait, Sir G.: A History of Assam. 2. Aufl. Calcutta 1926.
40) Gazetteer: The Imperial Gazetteer of India. 26 Bde. New Edition Oxford 1907/08.
41) Gravenhorst, Fr.: Regenverteilung, Pflanzendecke und Kulturentwicklung in Burma. Diss. Leipzig 1932.
42) Hasan, Jafer: Die Armut Indiens. Eine ökonomische soziolog. Betrachtung. Diss. Heidelberg 1931.
43) Hunter: Imperial Gazetteer of India. 24 Bde. London 1885.
44) Husain, Zakir: Die Agrarverfassung von Britisch-Indien. Berichte über Landwirtschaft. 25. Sonderheft. Berlin 1930.
45) Kraus, A.: Das indische Dorf. In: Jb. f. Soziologie, Bd. III, Karlsruhe 1927.
46) Krebs, N.: Das Hochland von Nilgiris. In: G. Z. 1933, S. 11—29.
47) — Das südliche Indien. In: Z. G. E. Berlin 1933, S. 241—270.
48) Marjoribank and Marakkayar: Report on Indian labour emigration to Ceylon and Malaya. 1917.
49) Reports: Annual Report on Emigration to the Labour districts of Assam, Cachar and Sylhet. 1924/5—1930/31.
50) — Report on the Working of the Indian Emigration Act (VII of 1922) and the Rules issued thereunder in the Provinces of Bengal for the years 1923—1930. Calcutta 1923—30.
51) — Report on the Administration of the Province of Assam. 1874—1900.
52) — Annual Report on Labour Immigration into Assam. 1877 bis 1901.
53) — Annual Report on the Working of the Assam Labour Board. 1915—1931.
54) — Report on Immigrant Labor in the Province of Assam. 1921 —1930.
55) — Report on Tea Culture in Assam. Report and Statements. Compiled in the Office of the Secretary to the Chief Commissioner of Assam. 1901—1930.

56) — Report of the Royal Commission on Labour in India. London 1931.
57) Resolution on Labour Immigration into Assam. 1902—1920.
58) Robinson, W.: A descriptive account of Assam. 1841.
59) Simkins, Ethel: The Coast Plains of South India. In: Economic Geography, 1933, S. 19—30, 136—159.
60) Sion, J.: Les Populations de l'Inde . . . Annales de Géographie. 1926, S. 330—31, 427—48.
61) Stamp, L. D.: „Asia" An Economic and Regional Geography London 1929.
62) — Burma. An undeveloped Monsoon country. In: Geographical Review, 1930, S. 86—109.
63) Statistik: Statistical Abstract for British India
from 1867/68 to 1884/85. Calcutta 1926.
from 1912/13 to 1921/22. Calcutta 1924.
from 1918/19 to 1927/28. Calcutta 1930.
Statistical Tables relating to the Colonial and other Possessions of the United Kingdom. Parts XVII—XXV. London.
64) Wehrli, H. J.: Über Dürren in Britisch-Indien. In: Jahresbericht der Geogr.-Ethnogr. Ges. Zürich. 1908/09.
65) Witt, Th.: Moderne Industrien in Vorderindien. In: Kol. Rundschau 1931. S. 234—365.

Ceylon.

66) Agent of the Government of India in Ceylon.
Report on the Working of the Indian Emigration Act. 1922 (VII of 1922) the Rules issued thereunder and of the Labour Ordinances of Ceylon during the year 1928, 1929, 1930.
67) Cave, H. W.: Golden Tips. Ceylon and its great tea industry. London 1900.
68) Blue Book of Ceylon. Colombo, alljährlich.
69) Census Publications of Ceylon 1911, 1921, 1931. Tables and Report. Colombo.
70) Ceylon, its History, People, Commerce, Industries and Resources. Colombo 1924.
71) Papers laid before the Legislative Council of Ceylon: Report of the Commissioners appointed to inquire into the subject of the medical wants of the Coffee districts. Colombo 1879.
72) — Immigration of Indian Labour. Report of the Comittee appointed to report on Governm. Contributions towards the expenses connected with the Immigration of Indian Labour. (Sessional Papers XII—1926) Colombo 1926.
73) Reports: Administration Reports for 1924—1930.
a) Immigration and Quarantine. Galle 1925.
b) Immigrant labour. Galle 1925.
74) — Administration Report of the Controller of the Indian Imgrant labour. 1925—1930.
75) — Colonial Reports of Ceylon. London 1891—1931.
76) — Report upon Recruitment of Ind. Labour for Ceylon. Colombo 1918.
77) Recruiting for Ceylon in South India. In: The European Association of Ceylon. 1928.
78) Sundaram, L.: Indische Arbeiter in Ceylon. In: Internat. Rundschau der Arbeit. 1931. S. 458—472.
79) Tennent, J. E.: Ceylon. 2. Vol. London 1860.
80) Times in Ceylon. Green Book. 11. Aufl. Colombo 1931.
81) Turner, L. J. B.: Handbook of commercial and general information for Ceylon, cmpiled by Turner. Colombo 1927.

China.

82) Buxton, L. H. D.: China, the Land and the People. Oxford 1929.

83) Campbell, P. C.: Chinese Coolie Emigration to countries within the British Empire. London 1923.
84) Eitel, E. J.: An Outline History of the Hakka. In: China Review, Vol. II, S. 160—64.
85) — Ethnographical Sketches of the Hakka Chinese. In: China Review, Vol. XX, S. 263.
86) Gottwaldt, H.: Die überseeische Auswanderung der Chinesen und ihre Einwirkung auf die weiße und gelbe Rasse. Bremen 1904.
87) Ling, Pyau: Causes of Chinese Emigration. In: Annals of the American Academy of Pol. and Soc. Science. Vol. XXXIX, S. 74—82.
88) Liu, Wen Hsien: Die Verteilungsverhältnisse des ländlichen Grund und Bodens und dessen Betriebsweise in China. 1919.
89) Mac Nair, H. F.: Chinese abroad, their position and protection. A Study in international law and relations. Shanghai 1925.
90) Mosolff, H.: Die chinesische Auswanderung. Hamburger wirtschafts- und sozialwiss. Schriften, H. 22/23. Rostock 1932.
91) Otte, Fr.: Die Auswanderungsgebiete Chinas und der Auslandschinese. In: Arch. f. Wanderungswesen, 1. Jg., S. 114—119.
92) — China, wirtschaftspolit. Landeskunde. P.M. Erg. 194, Gotha 1927.
93) Ratzel, Fr.: Die chinesische Auswanderung. Breslau 1876.
94) Richthofen, v.: China. Ergebn. eigener Reisen und darauf gegründete Studien. 5 Bde. Berlin 1877—1912.
95) Ritter, Carl: Die Erdkunde von Asien. Bd. III, Berlin 1834.
96) Roxby, P. M.: The Distribution of Population in China. In: Geographical Review 1925. S. 1—24.
97) Sandick, L. H. W. van: Chineezen buiten China. Hunne Beteekenis voor de Ontwikkeling van Zuid-Oost-Azie, special van Nederlandsch-Indie. 1909.
98) Schmitthenner, H.: Ist China übervölkert? G.Z. 1926, S. 505 ff.
99) — Nord- und Südchina. P.M. 1927, S. 129 ff.
100) — Der geographische Typus der chinesischen Kolonisation. G.Z. 1929, S. 526—540.
101) Schumacher, H.: Die chinesischen Vertragshäfen, ihre wirtschaftliche Stellung und ihre Bedeutung. In: Jb. f. Nationalök. u. Statistik, III, F. XVI, 1898.
102) Su, Sing Ging: The Chinese Family System. New York 1922.
103) Sun, Fang Si: Die Entwicklung der chinesischen Kolonisation in Südasien (Nan-yang) nach chinesischen Quellen. Diss. Jena 1931.
104) Ta Chen: Chinese Migrations, with special reference to labour conditions. Bulletin of the United States Bureau of Labour Statistics. No. 340. Washington 1923.
105) Wagner, W.: Die Landwirtschaft Chinas. Berlin 1926.
106) Wegener, G.: China. Eine Landes- und Volkskunde. Lpz. 1930.

Britisch-Malaya.

107) Banner, H. S.: Labour in British Malaya. In: Asiatic Review, 1931, S. 669—673.
108) Bauer, Kurt: Die Kulturlandschaft von Britisch-Malaya und ihre Entwicklung aus der Naturlandschaft. Diss. Halle 1931.
109) Belfield, H. C.: Handbook of the Federated Malay States. 2. ed. London 1904.
110) Braddwell, T.: Statistics of the British Possessions in the Straits of Malacca. Penang 1861.
111) Campbell, J. W.: Labour in Malaya. In: The Planter. Vol. II.
112) Census of British Malaya. 1921.
113) General Labour Committee — Report of Special Committee on Chinese Labour. Kuala Lumpur 1922.

114) German, R. L.: Handbook to British Malaya 1926, 1927, 1930. Publ. by the Malay States Information Agency London. London 1927, 1928, 1931.
115) Makepeace, W.: One hundred years of Singapore. London 1921.
116) Malaya: Labour in British Malaya. British Empire Exhibition. London 1924.
117) — Malayan Statistics 1932. Compiled by Alexander. London 1932.
117a) Mills, L. H.: British Malaya 1824—1867. Singapore 1925.
118) Raffles, S.: Memoir of the Life and public services of Sir Thomas Stamford Raffles. London 1830.
119) Reports: Annual Departmental Reports of the Straits Settlements. 1890—1930, Singapore.
120) — Annual Report of the Labour Department of the Straits Settlements. 1900—1930.
121) — Annual Report of the Protector of Chinese in the Straits Settlements. 1910—1930.
122) — Federated Malay States. Annual Departmental Reports. Chinese Affairs. 1905—1930.
123) — Federated Malay States. Annual Departmental Reports. Labour: Report on the Working of the Labour Department. 1905—1930.
124) — Federated Malay States. Annual Departmental Reports. Report on the Administration of the Mines Department and the Mining Industry for the years 1923—1930.
125) — Annual Report of the Agent of the Government of India in British Malaya for the years 1926—1930.
126) Siang, Song Ong: One Hundred Years of Chinese in Singapore. London 1923.
127) Swettenham, Sir Frank: British Malaya. An acount of the origin of progress of British influences in Malaya. London 1907.
128) Vaughan, J. D.: The Manners and Customs of the Chinese of the Straits Settlements. Singapore 1879.
129) Vlieland, C. A.: British Malaya. A Report on the 1931 Census and on certain Problems of vital Statistics. London 1932.
130) Wheeler, L. R.: The Modern Malay. London 1928.
131) Winstedt, R. O.: Malaya. The Straits Settlements and the Federated and Unfederated Malay States. London 1923.

Niederländisch-Indien.

132) Adek: Algemeen Delisch Emigratie Kantoor (A.D.E.K.)
Jaarverslag 1929. Medan 1930.
Jaarverslag 1931. Medan 1932.
133) Arbeidsinspectie Jaarverslagen van den Dienst der Arbeidsinspectie in Nederlandsch-Indie. No. 1—8. 1913/22.
134) — Kantoor van Arbeid. Jaarverslagen van de Arbeidsinspectie van de Buitengewesten. No. 9—14. 1923—29.
135) Bool en de Bruin: Rapport uitgebracht aan de Deli Planters Vereeniging over der Wervingstoestanden op Java in het algemeen en over de Laukehwerving in het byzonder. 1911.
136) Brand, Mr. J. van den: De millionen uit Deli. Amsterdam 1902.
137) Broersma, R.: Oostkust van Sumatra. 2 Bde.
I. Deel: De Ontluiking van Deli. Batavia 1919.
II. Deel: De Ontwikkeling van het Gewest. Deventer 1922.
138) Bruin, A. G. de: De Chineezen ter Oostkust van Sumatra. Mededeelingen Oostkust Sumatra-Instituut, I. Amsterdam 1918.
139) Burger, E. J.: Landverhuizing bij de inheemische bevolking in Nederlandsch-Indie als Koloniaal-economisch verschijnsel. Utrecht 1927.
140) Deli Planters Vereeniging (D.P.V.)
Gedenkboek uitgegeven ter Gelegenheid van het „Vijftig

Jahrig Bestaan" van de Deli Planters Vereeniging. Hrsg. door P. W. Moddermann, Weltevreden 1929.
141) — Jaarverslag der D.P.V. 1931. Medan 1932.
142) Deventer, C. K. van: Overzicht van den economischen toestand der inlandsch Bevolking van Java en Madoera. Den Haag 1904.
143) Eerde, J. C. van: Ethnography and Demography. In: Science in the Netherlands East Indies. Amsterdam 1928 S. 349 f.
144) Endt, P.: Wanderarbeiterverhältnisse in den farbigen Kolonien. Amsterdam 1919.
145) Fock, Dirk: The Labour Problem in the Dutch East Indian Archipelago. In: Asiatic Review 1927„ S. 625 ff.
146) Handbook: of the Netherlands East. Indies. By Division of Commerce of the Department of Agriculture Industry and Commerce. Batavia 1930.
147) Heinoldt, C.: Immigratie vaan Chineezen naar Banka. Maschinenschrift. Medan 1897.
148) Helbig, Karl: Die „poenale Sanctie". In: Kol. Rundschau, 1933, S. 85—91.
149) Hinte, J. van: De industrielle Ontwikkeling van Nederlandsch Oost-Indie. In: Tijdschrift van het. K. Nederlandsch Aardrijkskundig Genootschap. Deel XLII. 1925.
150) Huender, W.: Overzicht van den economischen Toestand der inheemische Bevolking van Java en Madoera. s'Gravenhage 1921.
151) Indisch Verslag 1931. II. Statistisch Jaaroverzicht van Nederl. Indie over het Jaar 1930. Batavia 1931.
152) — 1932. II. Stat. Jaaroverzicht van Ned.-Indie over het Jaar 1931. Batavia 1932.
153) Moll, J. Th.: De Chineezen in Nederl.-Indie. Utrecht 1928.
154) Mollema, J. C.: De Ontwikkeling van het eiland Billiton en van de Billitonmaatschapij. 1918.
155) Oostkust van Sumatra Comite.
Kort Overzicht over de werving van arbeidskrachten ten behoeve van de Cultures ter Sumatras Oostkust. Medan 1929.
156) Oostkust van Sumatra Instituut.
Kroniek 1916, 1917, 1922—1931. Amsterdam.
157) Stecher, J.: Immigratie van Chineezen naar Deli. Maschinenschrift. Swatow 1905.
158) — Werving voor Banka van Chineezen. Maschinenschrift. Swatow 1905.
159) — De Javanenemigratie naar Deli. Maschinenschrift. Medan 1905.
160) Sternberg, H.: Die Betriebsverhältnisse der unter europäischer Leitung stehenden Plantagen auf der Ostküste von Sumatra (Unter besond. Berücksichtigung der Arbeiterverhältnisse). Arbeiten a. d. Inst. f. Betriebslehre u. Arbeitswiss. der Landw. Hochschule Berlin. Langensalza 1929.
161) Valkenburg, S. van: Java. The Economic Geography of an tropical Island. In: Geogr. Rew. 1925, S. 563—583.
162) V.E.D.A. Vrije Emigratie van D.P.V. en A.V.R.O.S. Handleiding ten behoeve van de administrateurs Semarang 1930.
163) Verslag van „De Handelsvereeniging te Medan" over het Jaar 1931. Medan 1932.
164) Volkstelling 1930. Voorloopige Uitkomsten
a) Java en Madoera
b) Buitengewesten. Batavia 1931.
165) Weigand, K. L.: Tabakbau in Niederländisch-Indien. Jena 1911.

Zeitungen und Zeitschriften.

166) Archiv für Wanderungswesen und Auslandskunde.

167) Asiatic Journal.
168) Bulletin of Statistics relating to the Mining Industry.
169) Bulletin of the Rubber Grower Association.
170) China Archiv.
171) China Review.
172) Chinese Economical Journal.
173) Deli Courant.
174) Indian Review.
175) Indische Mercuur.
176) Journal of the Indian Archipelago.
177) Journal of the Royal Asiatic Society.
178) Koloniale Rundschau.
179) Koloniale Studien.
180) Koloniaal Tijdschrift.
181) Ostasiatische Rundschau.
182) Sinica.
183) Times of Malaya.
184) Tropenpflanzer.
185) Zeitschrift für Geopolitik.

FSC
www.fsc.org
MIX
Papier | Fördert
gute Waldnutzung
FSC® C083411

Kolibri 360 GmbH
Ferdinand-Jühlke-Straße 7
99095 Erfurt, Deutschland
produktsicherheit@kolibri360.de